HSU経営成功学部ディーン
鈴木真実哉

理念経済学が日本を救う

長期不況に打ち克つ３つの条件

まえがき

1989年にベルリンの壁が崩壊し、91年にはソ連邦が解体され、ヨーロッパの社会主義・共産主義政党の独裁体制が崩れ、世界は、自由主義、資本主義の世界に向かうように見えました。しかし現実は、日本はマスコミの左翼思想の流布と政府の社会主義的政策によって、国民の心の中に社会主義的な考え方が広がっていきました。人口13億人を超える社会主義大国・中華人民共和国は勢力拡大を活発化させ、朝鮮民主主義人民共和国と共に、繁栄と平和の脅威となっています。

私が『格差社会で日本は勝つ』を上梓《じょうし》したのは2007年のことです。それからちょうど10年が経とうとしています。

当時は、第一次安倍政権の時代でしたが、いざなぎ景気やバブル景気を超えて、景気拡大の最長記録をマークし、いよいよ本格的な好景気を謳歌《おうか》できそうな気配に満ちていました。一方で、マスコミを中心に格差批判の声が次第に高くなっていました。「勝ち組・負け組」「ワーキングプア」といった言葉が流行《はや》っており、若手のベンチャー経営者への嫉妬《しっと》に満ちた醜い批判も日増しに高まってきていました。

しかし、成功者に嫉妬し、成功者を批判するカルチャーが広がると、必ずその後に深刻な不況が訪れるというのが歴史の教訓です。そこで、「格差社会というのは、努力した者が報われる社会のことであり、決して悪くないのだ」ということを訴えるために、『格差社会で日本は勝つ』という本を書いたのです。

残念ながら、その後も格差批判はやまず、その後ますます勢いを増し、日本はどんどん左傾化していきました。その行き着いた先が２００９年の民主党政権の誕生でした。

それからの日本経済はまさに悪夢のようでした。政治・経済の全体主義化が進み、資本主義経済は傷だらけとなりました。２０１１年には東日本大震災も起きました。オバマ大統領の下で、アメリカが世界の警察官をやめたことで、国際情勢もますます不安定になりました。「失われた15年」はいつしか「失われた20年」

「失われた25年」と呼ばれるようになりました。

２０１２年末に政権を取り戻した安倍首相は、アベノミクスと呼ばれる経済政策によって、沈んだ景気を回復させたかに見えました。

しかし、歴史は繰り返します。かつての格差批判のように、マスコミなどが成功した企業を「ブラック企業」とレッテルを貼って叩き始めたのです。そこに消費税の増税が重なったことにより、またしても社会主義的な考え方によって、せっかくの好景気が台無しにされてしまったのです。

こうなれば仕方がありません。「社会主義的な考え方では、絶対に成功できない」ということをもう一度、訴えることにしました。それがこの本です。

単に社会主義の過ちを指摘するだけでなく、長期不況を克服するための考え方をも具体的に示し、繁栄への道と「理念経済学」の骨格を示す内容を目指しました。ご一読いただければ幸いです。

幸福の科学においては「理念経済学」という概念や、そのための理論的な柱やヒントを星の数ほど与えられてきました。

幸福の科学グループ創始者兼総裁であり、ハッピー・サイエンス・ユニバーシティ（HSU）の創立者でもある大川隆法総裁先生に最高・最大の感謝を奉《ささ》げます。

2017年1月12日

ハッピー・サイエンス・ユニバーシティ　経営成功学部ディーン　鈴木真実哉

目次

第四章　長期不況脱出の条件③「信仰心」　105

第五章

第六章　理念経済学が日本を救う　155

あとがき　188

※文中、特に著者名を明記していない書籍については、原則、大川隆法著となります。

第一章

自民三大改革がもたらした平成長期不況

平成不況は自民党政権下でもたらされた

日本は平成に入ってから、ずっと不況が続いています。「失われた20年」どころか「失われた25年」、いや「失われた30年」と言ってもいいほどの長さです。世界的にも類を見ない長さと言っていいでしょう。なにせ40代半ばよりも若い人は、「好景気がどのようなものか知らない」のですから大変なことです。

２０００年代の小泉改革時代と２０１３年以降の安倍政権時代に多少の景気回復期はありましたが、ほどなく失速しており、結局、だらだらと不況は止まりません。

なぜ、不況は長引いているのでしょうか。そもそも、なぜ、この不況は始まったのでしょうか。根本的に不況を克服するためには何が必要なのでしょうか。

まず、「経済政策の責任者は誰であったのか」から考えてみましょう。平成に入ってから経済政策を担っていたのは、基本的には自民党政権です。そこで、第一章では、現在に至るまでの自民党政権の経済政策を検証してみたいと思います。

近代化の成功と戦後の高度成長

まず、戦前・戦後の日本経済の流れをざっくり振り返ってみましょう。

明治以来の日本の経済発展は世界史上でも稀有な成功例でした。殖産興業・富国強兵に努め、江戸時代の前近代的な経済体制からごく短期間で近代国家への仲間入りを果たしました。

大きな資本が必要な事業については、まず官営で工場をつくり、軌道に乗ってくると民間に払い下げるという方法で、近代的な産業を次々と生み出していったのです。三井、三菱、住友、安田といった大きな財閥も形成されていきました。

その結果、第一次世界大戦の頃には世界の五大国の一角に食い込むまでになったのです。この発展の軌跡は、「富の集中」を柱とした日本型の成功モデルと言っていいでしょう。

しかし、第二次世界大戦での敗戦によって、日本は半主権国家という重荷を背負うことになります。戦後、アメリカの傘の下に入ることによって、日本は軍事力を手放すことになったのです。軍備のない国が国家と言えるのかどうか疑問ですが、その代わり経済に集中できたというメリットがあったのは事実です。

とはいえ、武力放棄という決断は、半世紀以上にわたる憲法改正の議論を生み出すことになりました。アメリカのトランプ大統領の登場によって、ようやく日本国内の米軍基地の曖昧《あいまい》な位置づけについて、本格的な議論が始まりつつありますが、戦後70年以上も自前の軍隊を持たずに、同盟国とはいえ他国の軍隊が駐留し続ける状態が続いたのは、考えてみれば不思議なことです。

戦後のアメリカの占領政策は日本の強みを解体することを目的としていました。憲法9条で軍隊を解体したほか、国家神道を封じ込めるために政教分離を図り、財閥も解体しました。資本主義とは、資本を集中してこそ力を発揮する仕組みですから、それを解体して富の分散を図れば、どうしても経済は弱体化します。

農地解放も大打撃でした。当たり前ですが、農地は広いほど効率がよいのです。にもかかわらず、大地主を否定して多くの自作農をつくりました。昔から田んぼをむやみに分ける人を「たわけ（田分け）」と、愚かな人のたとえに使ってきましたが、まさに「たわけ」政策を実施したのです。その結果、日本の農家は小規模農家ばかりになってしまいました。それも兼業農家ばかりです。これでは日本の農業は衰退します。農業における飛躍的な生産性向上とイノベーションのためには、大地主、あるいは現代的に言えば、大企業にあたる大規模農業生産法人が必要です。

要するにアメリカの占領政策は、「軍隊」「国教」「財閥」「大地主」の解体という左翼的なものでした。自由主義の総本山とも言えるアメリカがこのような左翼政策を日本で実行したのは非常に不思議なことです。キリスト教的信仰からくる宗教的偏見があったからかもしれません。

その結果、日本の経済は、致命的な欠陥を抱えたまま戦後の復興を果たさねばならなくなったのです。

にもかかわらず、日本はその後、高度経済成長を実現し、世界第二位の経済大国にまで躍進しました。四つの強みを解体されながら経済発展を果たしたのです。政策としては社会主義でも、一人ひとりの日本国民が資本主義の精神を失わずに相当な努力をしたに違いありません。そして、神仏のご加護があったことは明らかです。

日本に保守政党は存在しない!?

「軍隊」「国教」「財閥」「大地主」については、戦後70年以上経った今でも、解体されたままです。自衛隊はありますが、一応軍隊ではないことになっています。

国教はありません。財閥も十分に復活していません。大地主もいません。そう考えると、実は、戦後の日本には本当の意味での保守政党がなかったことがわかります。政治的なイデオロギーとしての〝保守政党〟があったのかもしれませんが、少なくとも経済的に見た場合、自由主義と資本主義を尊重するような経済システムになっていたとは言い難いものがあります。

象徴的なのは農業です。日本では農業に新規参入することができません。イノベーションもできません。規制によって企業が自由に農業に参入したり、広い土地を所有したりできるようになっておらず、社会主義以前の共産主義社会のような農政になっています。保守政党と言われる自由民主党が、既存農家の既得権益を守ることで、農村を票田とし、勢力を伸ばしてきたからです。自民党農政の実態は、コルホーズ、ソフホーズをバックにしたソ連共産党とほとんど変わらない集票システムだったということです。

それが近年のＴＰＰ（環太平洋経済連携協定）の議論を契機に、農産物の輸入自由化によって農家の既得権益を崩さなければならないという議論がようやく進められているわけです。

世界一になる気概がなかった90年代の日本

それでも日本経済は１９８０年代までは勢いよく成長していたために、こうした問題点はさほど指摘されませんでした。しかし、80年代半ば頃になると、いよいよ日本経済はアメリカ経済を射程にとらえ、世界一になるかもしれないというところまで成長してきました。しかし日本は、世界一になる心構えも覚悟も気概も使命感もできていませんでした。この時の日本人の心理を大川隆法総裁は『奇跡の法』という経典で鋭くこう分析しています。

目標とする国があって、それを追いかけていくのは、わりと楽だったのです

が、「追い抜いてしまうのは怖い」という集団心理、深層心理が日本人にあったのではないでしょうか。「このままアメリカを超えてしまったら、そのあと、どうするのだ」ということです。「追い抜いたあと、どうするか」という見取り図がなければ、その先が非常に怖いわけです。

『奇跡の法』67ページ

世界の先頭に立てば、国際社会で力強いリーダーシップを発揮しなければならないのですが、政治家にも官僚にも日本国民にもその自信も気概も使命感もありませんでした。そこで、せっかく好景気を謳歌《おうか》していたのに、マスコミを中心に社会主義的マインドによる資本主義攻撃である「バブル叩き」の大合唱が起きてしまったのです。

当時の好景気を振り返ってみると、地価と株価が高騰《こうとう》していたという特徴がありました。これは「ストック国家」になったということです。資産の売買が繰り返され、地価や株価が上がっていくというのは、国家が豊かになってきた証拠です。一方、フローだけで回っている経済というのは、要するに稼いだ分を全部使ってしまう経済のことですから、余裕のない貧しい社会であることを意味します。食べるのに精一杯の人たちは兜町《かぶとちょう》で株の売買に勤《いそ》しんだりしません。お金が貯まって株などに投資できる人が増えるということは、豊かになったということなのです。こうして日本はフロー経済からストック経済へと移行することで、世界有数の経済大国になったわけです。

当時の政府は、ストック国家に変貌したという前提に立ち、次の繁栄のグランドデザインを描《えが》く必要がありました。なのに、何を思ったのか当時の政治家たちは、マスコミのバブル叩きの大合唱に乗せられる形で、ストックを破壊し始めたのです。一連のバブル潰し政策です。その結果、現在まで続く失われた20年とも30年とも言われる長期停滞が始まったのでした。

一方のアメリカは、いかにして日本を叩き落として、世界一の座を守るかを考え、対日戦略を練りに練っていたわけですから、その差は歴然です。1990年代の金融ビッグバンなどはその象徴です。アメリカ一国のルールを「グローバル・スタンダード」と称して、あたかも国際ルールであるかのように印象づけ、日本の金融機関の解体や買収を進めていきました。そのやり方のよし悪しは別として、パニック的な対処に終始していた日本に対して、巧みな戦略を取ったアメリカの作戦勝ちと言ったところです。

最終的には、経済力の差というよりも、未来の繁栄のビジョンがあるかないか、世界一の国家としての使命感があるかないか、国家としての戦略があるかないかで、日米の経済覇権戦争の決着がついたと言えます。

失政① 消費税導入とバブル潰し政策

日本の長期不況には大きく三つの失政がありました。

一つ目が、80年代末から90年代初頭にかけてのバブル潰し政策です。

１９８９年５月に日本銀行が９年ぶりに公定歩合《こうていぶあい》を引き上げたのをきっかけに、わずか1年あまりで5回も金利が引き上げられました。２・５％だった公定歩合が一気に６％に上がったのですから大変です。公定歩合とは、日銀が金融機関に貸し出す際の金利のことですが、これが上昇すれば、当然、金融機関が一般企業に貸し出す際の金利は上がります。突如、金利が2倍以上になれば、どの企業も資金繰りが狂いますから、経営に悪影響が出ます。これが長期不況をもたらすことになりました。

１９９０年4月には、大蔵省（現財務省）の通達により、土地関連融資の総量規制が行われました。金融機関の不動産向けの融資を制限するという規制です。本来、金融機関が不動産業者にいくらお金を貸そうが自由であるはずですが、政府が急にこれ以上は貸してはいけないと規制したわけです。まさに、社会主義的、全体主義的な政策です。

そんなことをすれば、不動産業者の取引は急速にしぼんでしまいます。実際にしぼみました。しかも1992年には地価税を導入して、さらに追い打ちをかけました。すでに土地には固定資産税として税金がかけられていたのですが（地方税）、新たに国税を創設して土地保有に関して税を課したのです（現在は経済の低迷を受けて停止中）。

こうしたバブル潰し政策によって、株価は1989年12月29日の3万8915円をピークに急落しました（いまだにこの時の株価が史上最高値です）。その後、1万円を割るところまで落ちていますから、株で資産を持っていた人は、4分の1になってしまったことになります。

もちろん地価も暴落。ピーク時の4分の1にまで下落しました。まさにストック経済の大破壊です。政策一つで資産が4分の1になってしまったのですから、当時の資産家が暴動を起こさなかったのが不思議なぐらいです。

加えて89年には3％の消費税が導入されました。せっかくの好景気に水を差すことになったのは言うまでもありません。

わずか1年か2年の間に、何かに取り憑《つ》かれたように、社会主義的で統制的な政策が実行されたのです。その結果、日本の誇った資本主義の精神は深く傷ついてしまいました。

ちなみに政府の税収も、バブル崩壊と言われる不況の到来によって、1990年をピークに下がり続けることになりましたから、結局、自分の身に跳ね返ってくることになったわけです。

「百害あって一利なし」とはこのことでした。

このように概観して改めて驚くのは、急速な公定歩合の引き上げ、土地関連融資の総量規制、地価税の導入、消費税の導入といった一連の統制的な政策が、社会主義政党ではなく、自由主義を信奉しているはずの自民党政権下でなされたということです。

消費税の導入を決めたのは、竹下内閣、宮澤蔵相の時代です。

公定歩合の急激な引き上げをしたのは、主に海部《かいふ》内閣、橋本蔵相の時代で、日銀総裁は三重野康氏でした。

土地関連融資の総量規制は、海部内閣、橋本蔵相の時代です。

地価税の導入を決めたのも、海部内閣、橋本蔵相の時です。ちなみに、現在の日銀総裁の黒田東彦《はるひこ》氏は大蔵省にいた時に熱心に導入を訴えていました（「土地税制の抜本改革 - 上 - 地価税の導入」という論文を書いています）。

ここに名前を挙げた人たちは、保守政権を担った人物ばかりですが、自由主義経済や資本主義の精神についてほとんど理解していなかった可能性があります。

失政② 消費税増税

1997年の橋本政権における消費増税も失政でした。

そもそも消費税というのは不思議な税金です。国民は、一生懸命働いて稼いだお金から、法人税や所得税を払っています。税金を払った残りが手取りのお給料になります。ところが、そのお給料で何かを買うと、そこでまた消費税を払うという形になっています。二重課税になっているわけです。そもそも租税は発生した収入や所得、あるいは利益に対して課すものです。

89年当時の政治家は、財政赤字を何とかしようとして消費税3%を導入したのですが、結局、不況になったために、所得税と法人税の税収が減りました。消費税分の税収は増えても、税収の総額は減ってしまったのです。明らかな失敗でした。にもかかわらず、97年に3%から5%にまた増税してしまうのです。

十分に景気は回復したから大丈夫だろうというのが、増税に踏みきった理由なのですが、非常に甘い見通しであったことが後で明らかになりました。

97年の消費増税は、単に不況をもたらしただけでなく、今日まで続くデフレをもたらしました。その直後には、金融危機も起こって、山一証券、日本長期信用銀行など、潰れっこないと思われていた大手金融機関が次々と経営破綻しました。

ＧＤＰ（国内総生産）がマイナス成長に陥ったのもこの頃からです（バブル経済が弾けた後も、実はＧＤＰはわずかながら上昇していたのです）。

年間2万人台で推移していた自殺者数も3万人の大台に乗りました。

97年を境に、日本経済は完全に暗転してしまったのです。それも一歩間違えば恐慌になりかねない状況でした。

ただ、橋本氏は、後になってこの時の増税が失政であったことを男らしく認めています。

「私は平成9年から10年にかけて緊縮財政をやり、国民に迷惑をかけた。私の友人も自殺した。本当に国民に申し訳なかった。これを深くおわびしたい」

「財政再建のタイミングを早まって経済低迷をもたらした」

いまさら取り返しはつかないのですが、一国の首相だった人物が、政策の誤りを認めたことは立派なことだったと思います。しかし、残念なことに、その教訓は後世に生かされませんでした。

各指標とも消費税を５％に増税した97年あたりから数値が悪化しているのが見て取れる。

GDPと税収

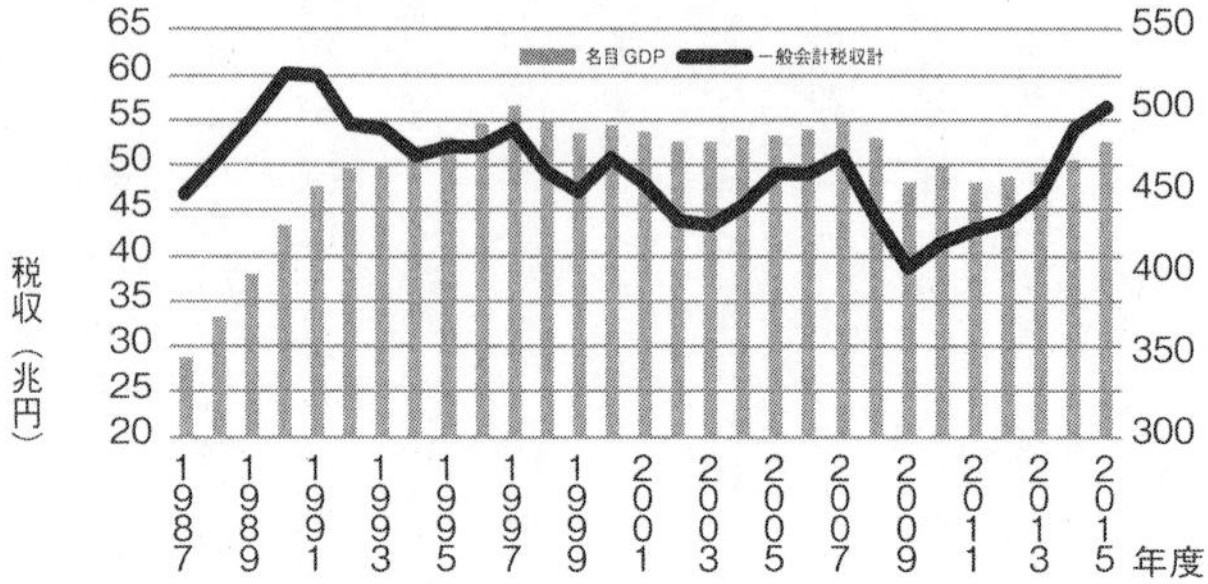

出所：内閣府国内総生産（名目、暦年）データ、財務省「一般会計税収の推移」データより作成。

物価指数（生鮮食品は除く）

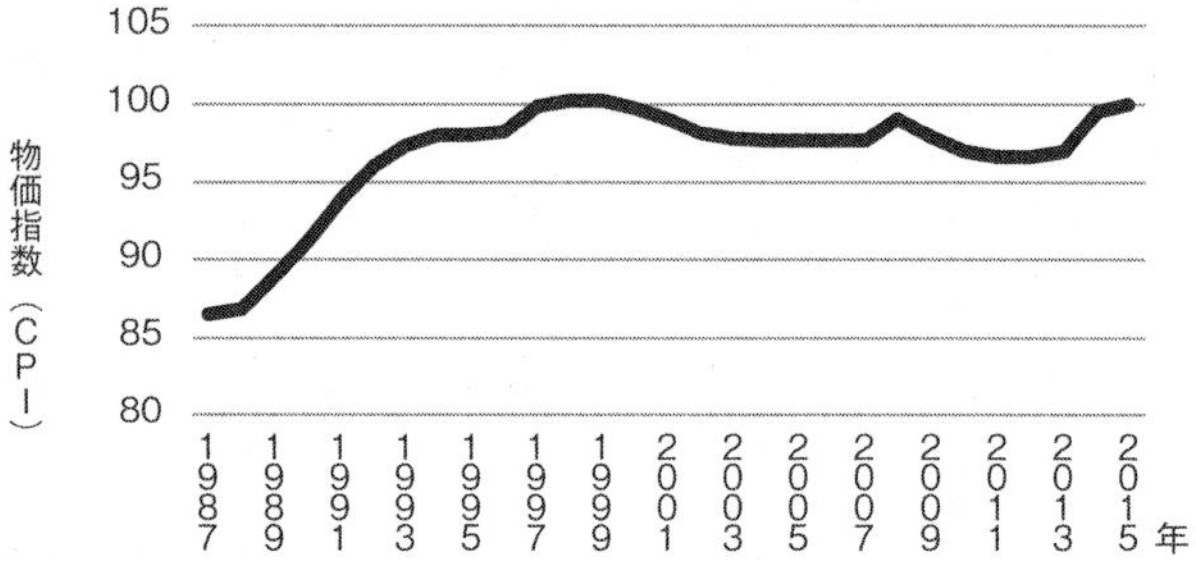

出所：総務省統計局「2015年基準消費者物価指数」（全国、年平均）より作成。

自殺者数

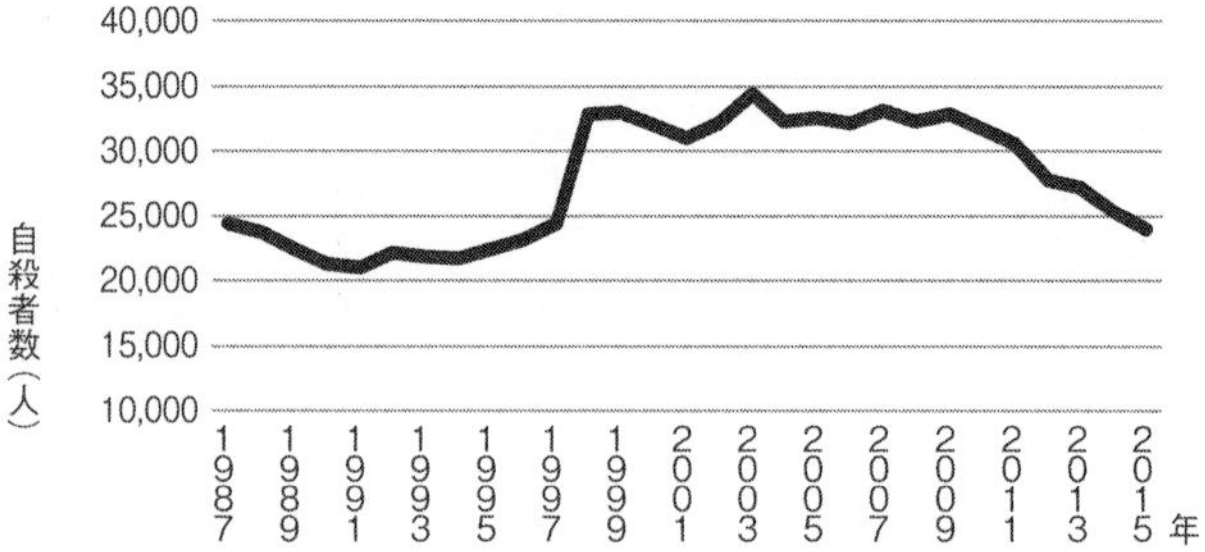

出所：内閣府「平成27年中における自殺の状況」より作成。

それが、第二次安倍政権下における消費増税です。

失政③ アベノミクスによる二度目の消費増税

橋本増税によって傷を負った日本経済は、２００３年あたりから、ゆっくりと回復し始めました。２００６年になる頃には、株価も地価も上昇を始め、ＧＤＰも回復基調となり、いよいよ本格的な経済成長に入る兆しが見えてきました。

しかし、そこに立て続けに不幸が襲います。

まず、再びマスコミによるバブル批判が起きました。若手のベンチャー経営者を批判するヒルズ族叩きもこの頃で、「格差拡大」がやたらと問題視されました。まるで90年前後のバブル潰しの大合唱の再来のようでしたが、間の悪いことに２００８年にリーマン・ショックが起こり、世界規模の不況の連鎖が起きてしまいます。

当時のマスコミが言う「100年に一度の大不況」というのは騒ぎ過ぎでしたが、日本経済は再び低迷期に入っていくことになりました。

2009年には政権交代が起きて、民主党政権が誕生します。当然ながら、民主党政権は自民党政権以上に統制的で社会主義的な政策を実施しました。

7割ほど完成していた工事も止めてしまうほどの勢いで公共事業を削減し、福祉まわりの予算を増やしました。二度目の消費増税を決めたのも民主党政権です。2011年に東日本大震災が起きたことで、日本経済はさらなるダメージを負うことになります。

そうした状況で登場したのが自民党の第二次安倍政権でした。

民主党政権は、事実上、日本初の本格左派政権でしたが、政治的にも経済的にも外交的にも混乱を起こしただけでした。その結果、本格的な保守政権への期待が高まり、満を持して再び安倍首相が登場したのでした。

安倍政権における経済政策は、俗にアベノミクスと言われます。

はじめは、①大胆な金融緩和政策、②機動的な財政政策、③民間投資を喚起する成長戦略――の三本柱の政策は、うまく機能したように見えました。

特に2%のインフレ目標を掲げた大胆な金融緩和は、市場から大きく期待され、株価も2倍以上になりました。

雲行きが怪しくなったのは、やはり消費税がきっかけでした。増税延期の声はあったのですが、２０１４年4月に消費税を5%から8%に増税しました。通常、大きな増税では政権が倒れることが多いのですが、「社会保障制度の維持のため」という説得が効いたのか、支持率を大きく下げることなく増税に成功しました。

しかし、真の保守政権として期待された安倍政権は、次第に自由主義的な考えから離れて統制的になっていきます。

２０１６年1月には日銀がマイナス金利を導入します。民間銀行が日銀にお金を置いておくと金利が取られるという政策ですから、凄まじい統制です。ほかにも低所得者に一律一万円を配る、最低賃金の引き上げ、携帯料金の引き下げなど統制的・社会主義的政策を次々と打ち出しました。選挙対策を兼ねているとしても、むしろ民主党政権でやりそうな政策ばかりです。

結局、安倍政権になって経済はどうなったのでしょうか。

雇用関連の統計を出して、政府はその成功をアピールしていますが、最も基本的な経済統計を見てみると、思うほどの効果は上がっていないようです。

物価は上がらず、デフレは克服できていません（２０１６年以降の消費者物価指数はマイナスが続いています）。

ＧＤＰも目標の成長率３％に届いていません。７～９月期の名目ＧＤＰはプラス０・２％でほぼ横ばいです。個人消費も企業の設備投資もマイナスとふるいません。

税収も２０１６年度から減収の見込みです。

日本経済をガタガタにしてしまった民主党政権に比べれば、はるかにまともに見えるため、その失政ぶりがわかりにくいのですが、明らかにうまくいっていません。

経済がまったく成長していないのに消費税を3％も上げたら、不況になるのは目に見えているのですが、過去、何度も失敗しているのに、やはり同じ過ちを繰り返しているのです。

江戸の三大改革はバブル潰し政策だった

平成以降の自民党の政治をざっくり振り返ってみましたが、90年前後の消費税導入とバブル潰し政策、97年の消費増税、2014年以降の消費増税とアベノミクスの三つの失政を見ると、江戸時代の三大改革とよく似ていることがわかります。

歴史の教科書を見ると、「享保の改革」「寛政の改革」「天保の改革」の三大改革は、何か正しいことのように書いてありますが、経済的にはすべて不況をもたらしたという意味ですべて失政であったと思います。政治的には優れた業績を残しているのかもしれませんが、経済政策として見る限り、明らかに失敗しています。

享保の改革、寛政の改革、天保の改革の三大改革には、二つの共通点があります。一つは、改革に先立って好景気による文化の爛熟《らんじゅく》が見られたことで、もう一つは、改革ではそれを真っ向から否定して消費の抑制を図ったことです。

享保の改革の前は有名な元禄文化が花開いた時代です。産業が発展し、町人は豊かになり、浮世絵、浄瑠璃《じょうるり》、俳諧《はいかい》、歌舞伎が流行《はや》りました。しかし、インフレになったこともあり、享保の改革では倹約令を出して消費を抑制し、幕府も緊縮財政を実行したのです。

寛政の改革の前は田沼意次《おきつぐ》の時代です。田沼政治というのは後世「賄賂政治」と言われ有名ですが、商品経済は発達し、幕府の財政は安定しました。しかし、やはりインフレになったこともあり、寛政の改革では、綱紀粛正《こうきしゅくせい》を図り、消費を抑制しました。享保の改革と同様、幕府は緊縮財政に走りました。

天保の改革の前は文化文政時代です。田沼時代のように賄賂政治が横行したと言われますが、川柳《せんりゅう》や滑稽本が流行るなど、庶民文化が花開きました。そこで天保の改革では、町人の享楽的傾向はケシカランということになり、これまでと同様、綱紀粛正と倹約令の徹底による消費の抑制に走りました。

この三大改革は、そもそも幕府の財政再建を大きな目的としていましたが、いずれも成功していません。興味深いことに三大改革はいずれも次のようなパターンを踏んでいます。

好景気とインフレ、文化の爛熟が生じ、幕府の財政が厳しくなる→次の政権が前の時代をバブルとして批判し、「綱紀粛正」と「消費の抑制」を図る→不況が悪化し、結局、幕府の財政は改善しない→規制緩和がなされて好景気とインフレが起きる――。以下、その繰り返しです。

自民政治は、江戸の三大改革を繰り返している？

自民党の三大失政も、「平成三大改革」と言えなくもありません。「宮澤改革」「橋本改革」「安倍改革」といった感じでしょうか。

江戸の三大改革ふうに振り返ってみましょう。

昭和時代の最後は未曾有《みぞう》の好景気に沸き、いわゆるバブル文化が栄えました。国民はみな財テクに走り、繁栄を謳歌しました。しかし、資産インフレが起きたこともあり、バブルはケシカランという綱紀粛正の大合唱が起き、贅沢と消費を戒める政策（消費税導入、地価税導入、土地関連融資の総量規制）を次々と実行しました。

97年の時には、優遇され過ぎているという理由で銀行批判と官僚批判が起き、銀行や官僚に向けた綱紀粛正の大合唱が起きました。銀行再編や省庁再編はその流れにあります。政府の財政再建を理由に消費を抑制する政策（消費増税）が実施され、さらに不況は深刻化しました。

今回のアベノミクスも同様です。２０００年代の景気回復期には多くの若手起業家が活躍しましたが、やはりヒルズ族はケシカランという綱紀粛正の大合唱が起きました。そこで消費税の増税です。

江戸時代とまったく同じパターンを繰り返していることがわかります。アベノミクスの経済政策の担当者は、江戸時代のままで止まっているとしか思えません。

情けないことに、こうした江戸時代型の統制経済を吹き飛ばしたのがアメリカの新しい大統領のトランプ氏です。アメリカを再び偉大な国家にすると高らかに宣言し、法人税の減税を力強く訴え、国内の雇用を増やすと言っています。

日本では消費税だけでなく、所得税や相続税などで富裕層を対象とした増税をしようとしています。マンションの高層階の居住者ほど固定資産税を上げる方針も打ち出しました。最低賃金の引き上げや携帯電話の通信代の引き下げなどを見ても、とても自由主義の国の政策とは思えません。市場メカニズムを否定して価

江戸の三大改革と自民政権の三大改革の比較

江戸の三大改革		
享保の改革	寛政の改革	天保の改革
元禄文化の興隆 ↓ 綱紀粛正と 消費の抑制	田沼政治 （賄賂の横行） ↓ 綱紀粛正と 消費の抑制	文化文政時代 （庶民文化の興隆） ↓ 綱紀粛正と 消費の抑制

自民政権の三大改革		
竹下・海部内閣 （宮沢・橋本蔵相） バブル潰し政策	橋本内閣６大改革	安倍内閣 アベノミクス
バブル景気 ↓ バブル叩きと 消費税導入	銀行・官僚の不祥事 ↓ 金融改革・ 公務員改革と 消費増税	いざなぎ超え景気～ アベノミクス ↓ 格差批判・ ブラック企業批判と 消費増税

いずれの場合も景気がよくなって一部の人が豊かになると批判の大合唱が起き、綱紀粛正と消費の抑制（消費増税）を図ってきたというのが日本経済のパターンであることがわかる。

格を統制しようとするところは、もはや共産主義者のようですし、消費の抑制に走った江戸時代の為政者のようです。

アダム・スミスも想定しなかった社会保障税

税金を上げることの恐ろしさを一つ指摘しておきたいと思います。

消費税をはじめとする増税をする目的として「社会保障制度の維持」ということがよく言われます。しかし、財政学の世界では、「税金を徴収する根拠は公共財の供給にある」とされます。公共財というのは、道路や橋、警察や司法に関するものを言います。社会がうまく回るには、こうした公共財の整備は必要です。そこで、みんなでお金を出し合って道路や橋を整備しましょうということになります。これが税金の根拠です。

つまり、「国民の懐《ふところ》に現金を配る」などという発想はもともと財政学にはないのです。

「国民の懐に現金を配る」典型は年金です。年金の支払いのために税金を上げるというのは、本来、財政学では想定していないことです。

にもかかわらず、社会保障のために税金を使うことが当たり前のようになっていて誰も疑問に思いません。これは恐ろしいことです。年金制度とは、誰かを養うために、ほかの誰かから強制的にお金を徴収して配ることです。所得の再配分と言えば、もっともらしく聞こえますが、要するに金持ちの財布を取り上げて貧しい人に配るということです。そこに私有財産を守るという発想はひとかけらもありません。また、子育てをしなくても、働かなくても、国から生活費をもらえることが本当に正しいことなのか、冷静に考えねばなりません。一歩間違うと、それは国家が国民をペットにしていることになりかねないからです。

アダム・スミスは、国の支出というのは、「国防」と「司法」と「公共事業」の三つだとハッキリ言っています。社会保障のために国費を使えなどと一言も言っていません。

これは現代の政治が、経済の原理・原則から外れていることを示しています。今必要なのは、小手先の政策論議ではなく、本来あるべき原理・原則を確認することです。それが新しい経済学につながっていくことになるでしょうし、21世紀型の資本主義精神を見出すことになるはずです。

経済が発展していくための原理・原則とは

では、経済が発展していくための原理・原則にはどのようなものがあるでしょうか。いくつか示してみたいと思います。

一つは愛国心です。社会保障の充実は、一見、国民にやさしい政治に見えますが、働かなくても何でも与えるというのは国民をペット扱いしているのとそう変わりません。それを国民が受け入れているのは、愛国心が欠如しているからです。

国民が国を愛しているとしたら、「他人から集めた税金を自分のために使ってほしい」などと願うでしょうか？　愛国心のある人なら、「自分が頑張って稼いだお金をほかの人のために使ってほしい」「国のために使ってほしい」と願うはずです。したがって、愛国心のない人が増えれば、税金がとめどもなく必要になり、愛国心のある人が増えれば、税金はそれほど必要としなくなるのです。

その背景には使命感の問題もあるでしょう。一流と言われる国には使命感があります。アメリカを見ると、「自由と正義を守る」という強烈な使命感を感じます。自国の平和だけを考えている日本とは大きな違いがあります。やはり哲学や思想、使命感があるから、その国は栄えていくのです。企業を見ても、日本で戦後大きくなったソニーやホンダを見れば、いずれも創業者に立派な経営哲学がありました。

二番目に向上心です。

以前、五木寛之さんの『下山の思想』という本がベストセラーになりましたが、みんなで坂を下っていこうというメッセージは、「江戸時代に戻ろう」と言っているようなものです。江戸時代は面白い時代ではありますが、現代と比べて幸福と言えるでしょうか。幸福に過ごした人もいたでしょうが、身分の差別や貧困で苦しんだ人がたくさんいたはずです。「悩みの七、八割は経済力がつくと解消する」と言われますが、明治以来の経済発展で日本人はやはり幸福になったのです。餓死する人がほとんどいなくなっただけでも大きな進歩です。経済発展しさえすればすべての人が幸福になれるとは言いませんが、確実にある程度は不幸な人を減らすことができるはずです。過去から現在まで、地球上の様々な地域や国で幾多の文明や文化が生まれてきたのは、人類に向上心があったからであり、未来もそうあり続けるでしょう。

不幸を減らしていくには経済成長が必要ですし、経済成長するためには向上心が欠かせません。「去年並みでいいや」と思っていて、偶然成長したりはしません。なんとなく走ってみたら100メートルを9秒台で走れてしまったということはないのです。目標を持ち、努力をしてこそ、成長できます。その原動力になるのが向上心です。

三番目に信仰心です。

信仰心のない経済政策とは何か。それは社会主義、共産主義的な国々の政策です。彼らは唯物論を信じています。神も仏もありません。「神が人間に望む生き方は何か」と問うこともありません。肉体的な生命のあること、平等であることをひたすら求めます。もちろん、肉体的な命も平等も大切です。しかし、必ずしも至上の価値があるとは言いきれません。肉体的な命があることが最大の価値であれば、イエスもソクラテスも、ただ犯罪者が刑死しただけの人生だったということになってしまいます。それでは崇高な生き方も気高い人生もあり得ないことになります。

経済成長は、欲張った人たちが自分の利益ばかりを考えることで実現されるものではありません。世のため、人のために尽くそうと思った企業家たち、神の期待に応えようと勤勉と節倹に励んだ人たちによって実現されてきたのです。

逆に言えば、この信仰心を失っていることが、今回の長期不況の背景にあるような気がします。

さらに、自由という論点も大事です。

現在、アメリカが世界一の経済大国になっているのは、自由を愛する精神があったからでしょう。自由を愛する精神とは、そのまま「自助努力の精神」につながります。何をしても自由ということは、結果責任を負わなければならないということです。怠けて貧しくなるのも働いて豊かになるのも、どちらの生き方をしようと自由だけれども、その結果については受け止めなければならないということ、つまり、豊かになりたければ、自助努力をせよというのが、自由を愛する精神です。これは福沢諭吉先生の言う「独立自尊の精神」にも通じるものでしょう。

自由は、既存の考え方や常識の呪縛を解くものでもあります。「日本の常識」「業界の常識」「ムラの常識」といろいろな呪縛がありますが、それが経済の成長を阻んでいる場合があります。たとえば、前述した日本の農業はその典型です。「農家の出身でなければ農業を行ってはいけない」というのが日本の常識ですが、新規参入を阻んでいるためにイノベーションが起きなくなり、十分な発展ができていないのです。

以上、「愛国心」「向上心」「信仰心」「自由」を失っていることが、長期不況の原因になっています。したがって、小手先の政策を導入すればたちまち好景気が訪れるなどということはありません。もっと本質的な部分において、私たち日本人は考え方を変えていく必要があるのです。

本書では、長期不況を克服するための条件として、「愛国心」「向上心」「信仰心」という三つの心を取り戻しつつ、「自由」の精神を発揮することが大切だと訴えていきます。そして、こうした考え方をベースにした新しい経済学として、「理念経済学」を提唱していきたいのです。

思想レベルの話が多くなるので一見、抽象的で遠回りのように感じるかもしれませんが、すべての政策には、それに先立って思想や哲学があるものです。その意味で、まず「考え方を正していく」ことこそが、実は繁栄に到る近道だと信じています。

次章以降では、「愛国心」「向上心」「信仰心」「自由」についてさらに詳しく見ていきましょう。

第二章

長期不況脱出の条件①

「愛国心」

建国わずか200年でヘゲモニー国家になったアメリカ

ギリシャ・ローマ以来、世界の歴史を見ていきますと、その時代ごとにヘゲモニー（覇権）国家があることがわかります。

ギリシャ・ローマから始まって、次にイスラム文化が花開きました。オスマントルコなど様々なイスラム帝国ができたわけです。もちろん、同時期にインドや中国でも強力な王朝ができました。18世紀になると現在のヘゲモニー国家であるアメリカ合衆国が誕生します。

このアメリカがヘゲモニーを握ることになったという歴史には非常に興味深いものがあります。乱暴な表現ですが、バッファローやインディアンしかいなかった土地に、突然ヨーロッパから移民がやってきたかと思うと、わずか200年足らずで世界一の国家になったのです。なぜそうなったのかを考えると、やはりアメリカ人独特の思想や考え方に理由があったように思います。

その一つが「愛国心」です。

アメリカは移民の国です。一口にヨーロッパと言っても、イギリスやドイツ、ポーランド、アイルランドなど様々な国から移民がやってきました。近年はヨーロッパだけでなく、アフリカやプエルトリコなどからも来ています。出自はバラバラであり「アメリカ民族」というものがあるわけではありません。にもかかわらず、なぜアメリカとしてまとまることができたのでしょうか。

それは、アメリカ国民が「自分たちはアメリカ国民だ」と思ったからです。なぜそう思えたのかというと、アメリカという国を愛しているからです。民族や宗教や出身ではなく、アメリカ合衆国を愛する人が集まって創った国だから、アメリカは国としてまとまったのであり、最強の国になったのです。

アメリカは、歴史が浅いため伝統はありません。民族としてのまとまりもありません。それを国たらしめているのは愛国心であり、愛国心が政治力や経済力、外交力、軍事力といった国力を形づくっているのです。

これらの点について、日本はどうでしょうか。経済力はありますが、軍事力、政治力、とりわけ国際政治力は皆無に等しいのが実情です。従軍慰安婦などの問題に関して、ユネスコや国連で日本に不利な決議がされても、特に抗議するわけでもなく、マスコミも特に問題にしません。一部の人を除いて多くの日本国民はへらへら笑ってスルーしています。オリンピックやサッカーのワールドカップなどで盛り上がっているのを見ると、愛国心がないとまでは言いませんが、極めて未熟なレベルの愛国心しかないと言えます。

日本はアメリカとは違い、長い歴史があり、伝統もあります。基本的に一つの民族で成り立っています。にもかかわらず国力は十分ではありません。私が思うに国を愛する心が未熟だからです。これが「失われた20年」「失われた25年」と言われる長期停滞の大きな理由になっています。その根拠は次節から詳述します。したがって、長期不況を脱出するためには、まず「愛国心」を取り戻すことを考える必要があります。

「社会保障の充実」は愛国心の欠如の現れ

未熟な愛国心の一つの象徴が、第一章でも触れた社会保障です。社会保障というのは、国家が国民のために様々なサポートをすることです。ケインズやシュンペーター、ハイエクといった代表的な経済学者の霊言を収録した『未来創造の経済学』という経典の中で、ケインズは、経済というものは「動機において善」であり、その過程においては「手段・方法の相当性」が必要で、さらに人類の豊かさを実現するという「結果」が大事で、この三拍子が揃っていることが大事だと指摘されています。ケインズは、「経済学の父」であり、自由主義者でした。

そこで、社会保障を充実させて福祉国家を目指そうとする時の「動機」「手段」「結果」について検討してみる必要があります。福祉を充実させようとする政治家の動機は何でしょうか。

実は、政治家にとっては、「票を取りたい」という動機が隠れていることがあります。自分が当選するためには、人々の歓心を得なければなりません。そのための一つの手段として社会保障を充実させると約束する場合が多いのです。もちろん「国民の幸福のために」と心の底から思っている政治家もいるかもしれません。しかし、「自分が当選するために」という気持ちが強い人もいるのも事実です。すると、「動機において善」とは言いきれなくなってくるわけです。

ましてや、社会保障を充実させるために多くの人の血税を使ったり、政府の借金を積み上げたりするのであれば、本当に、国民の幸福のための政策と言いきれるでしょうか。加えて、手段の部分も怪しくなります。

実際に国民が幸福になるかどうかという結果についても怪しいものがあります。戦前では軍人を除いて年金などなかったのです（軍人は国のために命をかけたのだから老後の面倒を見ようという考えでした）。そのために国民が不幸であったかと言えば、そうでもありません。多くの老人は家族に支えられて生き、家族に看取られて亡くなっていきました。現在では国から生活費は支給されるかもしれませんが、施設で亡くなる老人も増えています。どちらが幸福かは一概に言えません。福祉を受ける側の動機はどうでしょうか。国に老後の面倒を見てもらいたい。国に両親の面倒を見てもらいたい。そういう心は善なのだろうかという問題があります。やはり、善とは言えないように思います。ましてや、もっとたくさんお金をもらって面倒を見てほしいということになるなら、それはハッキリ言って「たかり」です。

国にたかる心というのは、まさに「愛国心」の逆です。いわば「国から愛を奪おうとする心」です。

ケネディの有名な演説に「国があなたのために何をしてくれるのかを問うのではなく、あなたが国のために何を成すことができるのかを問うてほしい」というのがありますが、これこそが愛国心です。

もし、今の日本国民が「国から何をしてもらえるか」ばかり考え、それを基準に政治家を選ぶということになっているならば、日本には「たかりの国民とバラマキの政治家」という構造が出来上がっていることになります。社会主義や左翼思想が広がることで、福祉の充実が図られてきたわけですが、その結果として、自助努力の精神が欠如し、国のために何かをしようとする愛国心が失われることになりました。今では税収の半分以上を社会保障関連で使ってしまうという異常な国家になったのです。

これは愛国心の欠如、愛国心の未熟さが招いたものと言えます。

本当の愛国心は世界に貢献する心につながる

年金などの社会保障に振り向けてきた莫大なお金を、もしインフラ投資などに使っていたらどうなっていたでしょうか。インフラ投資とは、都市部の道路を整備したり、高速道路を通したり、鉄道を敷いたりするなど、将来の国の資産となり、国の繁栄・発展の基礎をつくるものに使うことです。これによって渋滞が解消されたり移動時間が短くなったりするため、さらなる経済発展が実現していた可能性が高いのです。

しかし、現実には政府は「国の将来よりも今の自分にお金をくれたほうがいい」という世論と、それに合わせた税金の使い方をしています。「今の自分も大事だけど、将来の子孫のために国が発展してほしい」という思想——これが愛国心だと思うのです——がないのです。

現在、日本では自虐史観がまかり通っていますが、「自分たちの先祖たちが外国に対して悪いことばかりしていた」という歴史観が広がると、国に対する自信を失い、愛国心もなくなっていきます。

愛国心というと、すぐに右翼や戦争に結びつける人がいます。

しかし、愛国心には二種類あります。

一つは、「共通の敵に向かって団結して戦う」という意味での愛国心です。中国や北朝鮮のような共産圏に見られるもので、上から押さえつけて共通の敵をつくることでそちらに向かわせるというものですが、これはかなり例外的なものです。世界には200もの国がありますが、ほとんどの国では軍隊を持ち、愛国心を持っています。しかし、だからといって戦争しているわけではありません。戦争をしている国はほんの一部です。

つまり、「愛国心＝戦争」という発想は、かなり短絡的な考え方なのです。愛国心というのはむしろ、国が国であるための最低条件です。いくら多くの人が住んでいても、愛国心のない国家は、国家とは言えません。

もう一つの愛国心は、「自分たちの国が世界に貢献できる国でありたい、世界から尊敬される国になりたい」という気持ちです。自分たちが豊かになるだけでなく、その方法を周囲の国、多くの国にも伝えていって、その豊かさを世界に広げていきたいと考えることです。これも愛国心です。

ほかの国の豊かさを強引に奪おうとするのは〝海賊の愛国心〟です。いや、愛国心というより愛金心とでも言うべきものです。国ではなく、お金そのものを愛しているわけです。

本当の愛国心というのは、自分の国に誇りを持つからこそ、その国の持つ豊かさや繁栄をほかの国に広げていこうと考えるものです。こうした真っ当な愛国心を持つ人々に向かって「愛国心＝戦争」と言うのは、侮辱《ぶじょく》にほかなりません。

実際に、歴代の偉大な経済学者や経営者を見ると、みんな愛国心を持っています。アダム・スミスもケインズも、松下幸之助も豊田佐吉も、当然のように国を愛していました。

「国を愛する」ということは、その愛した国が発展・繁栄するということです。自分が住んでいる国が繁栄することで不幸になる人はいません。国を愛し、国を発展させれば、結局、自分に返ってきます。

その最たるものが国防です。

アダム・スミスも『国富論』の中で、国が税金を徴収してまず使うべきことの第一に「防衛」を挙げています（次いで「司法」「公共土木事業」と述べています）。

国防がしっかりすると、国民はますます愛国心を高めていきます。「国防がしっかりしているからこそ、我々の生命や財産、安全が守られて、家族と生活ができるし、仕事もできるので、ありがたい。ますます国の発展のために頑張ろう」ということになるからです。したがって、防衛にお金を使うことはいい意味における愛国心の現れと見なすことができます。

国防にお金を使うことのメリット

経済学的に見ても、政府の予算は社会保障に使うよりも国防に使ったほうが効果的です。

どちらにお金を使っても政府支出の増大になりますから、経済理論的には乗数理論（注）が働いて、結局、所得や生産を増やしていくことにはなります。その意味では経済効果は一緒です。年金などの社会保障を支給されれば、そのお金で消費をしますから、サービスを提供する側はその分所得が増えていきます。

しかし、国防の場合は、単にお金が回って所得や生産を増やすのみならず、さらに資産をつくることになります。飛行機をつくるにしても、空母をつくるにしても、飛行場や港湾の整備をするにしても、単にお金を使って終わりになるのではなく、その後も役に立ち続ける資産が残るのです。その資産は防災時に活用することもできますし、開発された技術をいずれ民間に転用することも可能です。

一方、社会保障は資産をつくりません（グリーンピアのようなリゾート施設は、資産と言えるのかもしれませんが、破産してしまったため、結局ムダ資産になりました）。

フロー（お金の流通量）で見る経済効果はさほど変わらないかもしれないのですが、ストック（資本の総量）で見る経済効果は国防のほうが大きいわけです。

国防にお金を使うということは、防衛産業を育てるということでもあります。

実は防衛産業は裾野の広い基幹産業です。

アメリカではすでに、IT産業が自動車産業に並ぶ基幹産業になっていますが、そのもとはアメリカ軍が開発した技術です。インターネットやGPSなどがその典型ですが、アメリカ軍がその技術を開発しなければ、グーグルやヤフーのサービスなど、この地上には存在していなかったのです。

また、国防はカントリーリスクを減らすという効果もあります。

日本は先進国としてはGDP（国内総生産）に比べて直接投資が少ないという特徴があります。直接投資というのは、海外から日本への長期の投資ですが、GDP比で3％程度しかありません。アメリカやドイツは20％以上、中国や韓国でも10％以上あることを考えると驚くほど低い数字です。

なぜ海外の投資家は日本には投資しないのでしょうか。その原因の一つが明らかに国防なのです。日本は、他国から攻撃されない限り戦うことができないように憲法9条で縛られています。国民の生命と財産と安全を十分に守れる環境が約束されていないわけです。そういう国には、多額のお金を使うことも預けることもできません。鍵のついていない金庫にお金をしまうようなものだからです。

日本は犯罪率も低く、クーデターの心配もない国かもしれませんが、周囲に中国や北朝鮮というような恫喝《どうかつ》外交を繰り返す核保有国があるにもかかわらず、十分な備えができていないため、リスクが高いと思われています。

逆に言えば、国防がしっかりすれば、海外からの投資が日本に集まるため、大きな経済成長が期待できるようになります。アラブの大富豪やユダヤの大金持ちも積極的に日本に投資し、日本に移住する人も増えていくに違いありません。

（注）政府の支出や投資が国民の所得に及ぼす効果を説明する理論のこと。最初の支出がその後何倍になるかを「乗数」と言う。

愛国心は重税によって失われる

国民が愛国心を失うのは、どういう時なのかを考えてみましょう。

たとえば、汚職が多くて政治が腐敗すると愛国心は失われるのでしょうか？

意外とそうではありません。江戸時代、賄賂政治家として批判されることの多い田沼意次《おきつぐ》が実権を握ったことがありましたが、その治世下では非常に商業が栄えて芝居や浮世絵などの大衆文化も花開きました。その後、松平定信の寛政の改革が行われて、質素倹約を奨励した緊縮財政が始まったのですが、景気は悪化してしまいました。そのため、一般庶民は、景気のよかった田沼時代を懐かしんだと言われています。「白河（松平定信のこと）の清きに魚のすみかねてもとの濁りの田沼恋しき」という狂歌《きょうか》が流行《はや》ったぐらいですから、庶民はお上《かみ》の政治的腐敗など気にもとめていなかったわけです。

国民が政府を嫌いになる理由はただ一つ、「重税」です。

フランス国民はもともと王様を愛していました。にもかかわらずフランス革命を起こしています。フランス革命の最中ですら、ルイ16世やマリー・アントワネットは一般庶民に人気がありました。国民から愛されていたのに、断頭台に立つことになったのは、貴族たちが重税を課したからです。

江戸時代でも税金が五公五民を超えると代官所は襲われていますが、実はこれは考えられないことです。一揆を起こす農民は軍事の素人《しろうと》です。一方、代官所はプロの軍隊です。襲ったところで勝ち目はありません。武器といっても鋤《すき》や鍬《くわ》で、戦闘の訓練もしていませんから、代官所を襲ったところで負けるのは明らかです。にもかかわらず理性を失って集団で襲ってしまう。それほどの怒りを呼び起こすのが重税なのです。

「永遠のローマ」と謳われたかのローマ帝国も、最後は税金が重くなって国民の信頼を失い滅んでいきました。イギリスの植民地だったアメリカが独立戦争を起こしたのも税金がきっかけです。

重税を課すのは、ある意味で国が内部から腐ってきている証拠です。税金を取るために政治家は福祉や社会保障を言い訳に使っていますが、実際には選挙で当選するためであったり、単に税収を維持したいということだったりします。

しかし、それでは愛国心を呼び覚ますことはできません。いくら「国民のため」「生活の保障のため」と言ったところで、一生懸命働いて稼いだお金を吸い取られ続ければ、どんどん政府が嫌いになっていきます。税金を安くして小さな政府をつくらなければ、愛国心は戻らないのです。

共産主義国家がなぜ滅びたのか

共産主義国家などは、愛国心を失って滅びていく典型です。

1991年にソ連が崩壊し、東欧の共産主義国家が次々と滅んでいった中で、中国や北朝鮮など一部の共産国は生き残っていますが、十分に繁栄しているとは言えません。いっときは、次の覇権国家は中国だという意見も多かったのですが、最近では中国の繁栄はバブルに過ぎなかったことが誰の目にも明らかになりつつあります。北朝鮮では脱北者が相次ぎ、国民が極端な貧困に喘《あえ》いでいる様が伝えられています。

なぜ共産主義国家は、大きな政治力や軍事力を持っていたにもかかわらず、うまくいかなかったのでしょうか。

それは、やはり、愛国心がなかったからです。表向きは愛国心があるように振る舞っていた国民は多かったと思います。しかし、現実には重税を課せられ、自由を抑圧されていました。そういう国で国を愛することはできません。スキあらば逃げようと思うようになります。だからこそ、亡命する人が絶えなかったわけです。

共産国ではありませんが、社会主義的な政策を推進してきた北欧のスウェーデンも例外ではありません。有名なプロテニス選手のビョルン・ボルグは、あまりの税金の高さにモナコに移住しています。

共産圏では、愛国心を育てるための教育はかなり熱心にやっていました。しかし、いくら統制的、強制的に教育しても、心の中まで支配することはできませんから、実際に愛国心のある国民はほとんどいないわけです。

イスラム国（ＩＳ）なども、あれだけの空爆を受け、世界中を敵に回しながら、なかなか滅びません。それは彼らなりの愛国心があるからでしょう。テロというやり方は悪いと思いますし、ＩＳを支持することはできません。しかし、国を愛する気持ちを持っている人が揃えば、国家の形態としては多少あやふやな部分があっても、なかなか滅びない面があります。

それだけ愛国心というのは、国家の興亡に大きな役割を果たすのです。

品性と誇りを持った日本を目指そう

日本が長期不況を克服し、世界の一流国としてヘゲモニー国家を目指すには、「愛国心の欠如」という問題を乗り越えなくてはなりません。

自分の国を愛せないまま、ほかの国から尊敬されることはありませんし、国連の常任理事国になることもありません。

愛国心がある人には品性があります。品性があるということは、ほかの国の便益や利益を考えることができるということです。それでこそ互いに尊敬し合える良好な関係を築くことができます。利害が衝突する難しい交渉をする場合でも、話し合いの中で絶妙な落とし所を見つけることができます。しかし、愛国心のない国同士だと、戦争になります。自国の利益や個人的な利益だけを追求するあまり相手が滅びるまで妥協しないということになりかねません。

日本には愛国心が必要です。日本は十分に経済的繁栄を成し遂げています。にもかかわらず、世界に充分には貢献できていません。だから、尊敬もされていません。すべては愛国心が欠けていることが原因です。

愛国心があるから自分の国に誇りが持てます。自分の国に誇りを持っているから、他国を助け、世界に対して貢献することができます。

そのためには、まず福沢諭吉先生の言った「独立自尊の精神」が必要でしょう。自立心があってこそ、人を助けることができます。働けるにも関わらず国の補助を当てにして生きている人が、高邁《こうまい》な理想を語ってボランティアに励んでも説得力はありません。他人の税金を当てにして生きている国民は、世界に貢献することができません。経済的にも精神的にも自立できてこそ、独立した人間だと言えますし、ほかの人を助けることができます。

第三章

長期不況脱出の条件②

「向上心」

「向上心」が起こした世界経済の三大事件

世界経済の発展に決定的な影響を与えた事件が三つあります。

一つ目は「ルネッサンス」です。14世紀から16世紀にかけてイタリアを中心に起こった古典文化の復興運動です。中世以来の、キリスト教に起因する「人間は罪の子である」という抑圧された人間観を解放して、ギリシャ・ローマ時代の自由な人間観を取り戻そうと言うものでした。

二つ目は「宗教改革」です。腐敗したカトリック教会のあり方に対して、ルターやカルバンが立ち上がって、それまで否定されていた経済的繁栄を力強く肯定しました。「繁栄することは神の栄光を地上に現すことだ」という思想を打ち出すことで、西洋の経済発展の思想的基盤をつくったのです。その結果、カルバン系のプロテスタントの教えは、フランスでは弾圧されてしまいましたが、オランダやドイツ、北欧、イギリスへと広がっていきました。その結果、フランス、スペイン、ポルトガル、イタリアといったカトリックの国々は経済的に停滞しましたが、オランダやイギリスはヘゲモニー国家になっていきました（その後、覇権を握ったアメリカもプロテスタント国です）。

三つ目は「産業革命」です。いくら思想的なイノベーションが起きたとしても、それだけで経済が目に見えて発展するわけではありません。新しい技術などが生まれてこなければ、現実の経済はなかなか変化しません。18世紀以降、蒸気機関の発明など、次々と技術革新が起きたことで、工場が生まれ、分業が生まれ、生産性が格段に伸びました。そして資本が蓄積され、経済は飛躍的に成長するようになったのです。その経済発展の仕組みを理論化したのがアダム・スミスの『国富論』です。

このルネッサンス、宗教改革、産業革命の三つの大事件を見ていくと「向上心」がキーワードになっていることがわかります。

「中世のままでいい」と思っていたらルネッサンスは起きませんでした。カトリックの考え方で十分だと思えば宗教改革の必要はありません。便利な技術などいらないと思えば産業革命も不要です。しかし、人々の心には向上心があったために、現状を打破して新しい世界を創ろうと努力したのです。

中世は暗黒時代と言われることがあります。実際に暗黒だったかどうかは見解が分かれるかもしれませんが、経済的には数百年にもわたって停滞していたのは事実です。文明的に見ても経済的に見ても、目覚ましい成果があったとは言えません。

経済が下り坂になることを肯定する「下山の思想」などは、この中世に帰ろうとする思想にほかなりません。

ヘーゲルは、歴史とは神の世界計画だと言いましたが、ルネッサンス、宗教改革、産業革命という流れは、とても偶然とは思えません。まさに神の計画だったと思います。神が世界計画を立てられる中で、発展・繁栄を目指されたから、人間性を解放し、富を肯定する思想を打ち出し、産業技術の進化を促したと考えられるのです。

大富豪の生涯を見ると、向上心の塊であることがわかります。どんなに貧しい家に生まれても、向上心によって努力を重ね、工夫をこらし、蓄財に励んでいます。そうした大富豪が無数に誕生して、経済は発展していったのです。

時代と戦う、空気の支配と戦う、抵抗勢力と戦う

向上心が経済成長につながっていくには、いくつかのポイントがあります。

一つは「ファイティング・スピリット」です。挑戦する気概と言ってもいいかもしれません。では、何と戦うかというと、「時代と戦う」ということです。時代というのは、それまでの常識や伝統や習慣です。これを打ち破るファイティング・スピリットがなければ、先ほど述べたルネッサンスも宗教改革も産業革命も起きていなかったでしょう。

「時代に勝つ」ということに少し似ているのですが「空気の支配と戦う」という観点もあります。「空気の支配」という場合、誰か具体的な敵がいるわけではありませんが、意外とこの「空気」に縛られて、向上心が損なわれている場合は多いのです。日本には村社会的なカルチャーが色濃く残っているので、「今のままでいいのではないか」と、なんとなくそのままになってしまうことがあります。これだと今までにないものをつくるイノベーションは起こせません。

もう一つ大事なのは、「抵抗勢力に勝つ」ということです。

向上心があると、必ず抵抗勢力とぶつかることになります。市場競争で言えばライバル企業の登場です。国家同士であれば、経済的な競争になったり、場合によっては戦争になったりすることがあります。神話の時代で言えば、もしヘルメス神に向上心がなければ、わざわざミノス王を倒すこともなく、シティアの小さな国の王で終わったはずです。しかし、実際にはミノス王を倒し、新しい貿易を起こしてギリシャの繁栄をつくりました。現状のままでよしとせずに向上しようとしたからです。したがって、世界の歴史を転換させているものは何かと言えば、この向上心が大きな鍵になっていると言えます。経済的に言えば向上心ですが、仏教的な言い方をすれば菩提心《ぼだいしん》（悟りを求める心）のことでもあります。

向上心の抵抗勢力としての社会主義

現在、この向上心に対して、抵抗している勢力は何でしょうか。

実は社会主義勢力です。もちろん、社会主義を信じる人には頑張って勉強している人や仕事に励んでいる人はいます。しかし、思想的に見る限り、社会主義の平等志向は明らかに向上心とは逆を向いています。

社会主義では平等を大事にします。ある人は金持ちで、ある人は貧しいのは、間違っていると考えます。大都会と地方とで差があったらケシカランと考えます。人間同士であれ地域同士であれ格差はいけないと発想します。その結果、お金持ちから税金をがっぽり取って、貧しい人に分け与えようとします。都会で稼いだ富を地方に振り分けようとします。その気持ちはひょっとしたら善意から来ているのかもしれませんが、もらう側からすれば、「もらって当たり前」「与えられて当然」と考えるようになります。

格差を埋めるために、努力し工夫するのではなく、恵まれた人からもらうという考えは、明らかに向上心とは対極にあります。資本主義の精神というのは、努力や工夫を肯定しますから、「向上心があるかないか」が、資本主義と社会主義を分けていると言ってもいいかもしれません。

向上心とは自分に勝つこと

向上心を考える上で、もう一つ大事なのは「自分に勝つ」という視点です。

人間は誰でも怠け心を持っていますから、その気持ちにどう打ち克つかが成功の鍵になります。

たとえば、人柄はいいけれど今ひとつ成功しきれない人がいます。幸福の科学で学んでいる人でも、信仰心もあり、性格もよく、立派な人格をお持ちでありながら、なぜか経済的にはあまり豊かになれない人がいます。

そういう人は、たいてい自己イメージが低いという特徴があります。謙虚とも言えるのですが、単に向上心が不足している場合があるので要注意です。

野生動物を見るとわかりやすいかもしれません。人間より速く走れる動物はたくさんいます。空を飛べる動物もたくさんいます。しかし、向上心のある野生動物はいません。チーターは人間より速く走れますが、毎回タイムを縮めようと思って走っているわけではありません。だから、彼らは繁栄を実現することもありませんし、文明をつくることもありません。

一方、人間は、足も遅く、空も飛べず、力もありませんが、向上心があるために、車を発明し、飛行機を発明し、パワーショベルを発明しました。その結果、いかなる動物よりも優れた仕事ができるようになりました。そうして繁栄を実現し、文明をつくったのです。向上心は、動物と人間を分けているものでもあるのです。

では、なぜ人間には向上心が宿っているのでしょうか。なぜ、高い自己イメージを思い描《えが》くことができるのでしょうか。

それは自分を「神の子・仏の子」と思うところから始まっています。「自分には神仏と同じ性質が宿っている」「神に愛される自分になりたい」という思いがあるからこそ、今のままではいけないという思いが出てきます。そして、神仏に近づいていく喜びを知ることができます。要するに信仰心ということです（詳しくは次章で述べます）。

アンドレ・ジイドの『狭き門』という小説があります。「力を尽くして狭き門より入れ」という言葉で有名ですが、大川隆法総裁も、この言葉を引いて、「迷った時には難しい道のほうを選べ」と述べています。もともとは聖書に出てくるイエスの言葉であり、「狭き門を入れば神に通じるが、広くて大きな門は滅びに至る」という意味です。

『狭き門』では、信仰について述べているわけですが、経済的な成功を考える場合も同じです。自己イメージの高い人は困難な道をあえて選ぶことができますが、自己イメージの低い人は、簡単な道を選ぶことで滅んでいきがちです。

困難な道を行く人が向上心のある人であり、向上心のある人は、時代に勝ち、空気の支配を打ち破り、自分自身にも打ち克って、やがて成功を手にすることになるわけです。ルネッサンスも宗教改革も産業革命もそうして起きてきて、世界を繁栄に導いたのです。

「そこそこ病」に感染することの恐ろしさ

向上心を考える上で、意外と手強《てごわ》い敵がいます。

私はそれを「そこそこ病」と呼んでいます。「なあなあ病」と呼んでもいいかもしれません。

そこそこ勉強して、そこそこ成功して、なあなあで済ませているタイプの人たちです。年収で言うと500万円から2000万円ぐらいの間の人に多いのですが、意外とこの中間層に問題があるのです。

それなりに努力していますし、怠けているわけでもなく、経済的に余裕もありますから、自分たちでは「それなりにイケてる」と思っているのですが、意外と向上心がない人たちなのです。

神の目から見たら、もっとやれる人たちなのに、持って生まれた環境や才能に頼って、がむしゃらになるほどには頑張っていないということです。意外とこういう人は多いのですが、自分たちの向上心のなさに気づきません。

『ミリオネア・マインド』の著者ハーブ・エッカーは、中流階級の考え方を持っている人は意外に金持ちになれないという主旨のことを述べています。

貧しい人は危機感があるため、向上心を燃やして一念発起して成功する場合がありますが、「そこそこやれている」人たちは、すでに満足してしまっているので、現状を改善しようとする意欲がまったくないのです。

この「なあなあ病」は、1990年以降、日本中が感染してしまったという意味で、思う以上に深刻です。

戦後、焼け野原から出発した日本は、貧しさから抜け出そうと必死の努力をして高度経済成長を実現しました。その結果、1980年代後半には、世界最大の経済大国であるアメリカをも時間の問題で抜けるという状況にまでなりました。

しかし、そのあたりから、「もうこの辺でいいじゃないか」という気持ちが頭をもたげてきたのです。そのため、自らの努力で築いた経済繁栄も「バブルだ」と言って急に自己批判を始め、「経済成長はよくない」という風潮が蔓延《まんえん》しました。「株価が高いのは許せない」「地価が高いのは許せない」「大企業が発展するのは許せない」という形で、お金持ちや成功者をバッシングしたのです。

その結果、日本では株価も地価も暴落し、経済成長も止まりました。

それから日本は、20年以上にわたってずっと不況を続けているのです。まさに、そこそこの成功で満足してしまい、さらなる向上の意欲も大国としての使命感も失ってしまったのです。

今でも「人口減だから低成長で当たり前」「高齢化だから衰退して当たり前」「もう山頂に登ったから、あとは下山するだけ」ということを真顔で主張する有識者がたくさん出てきて、自己イメージの低い日本を〝啓蒙〟しています。

「これ以上の経済成長は欲張りだ」と言うともっともらしく聞こえますが、下山の思想が実際に言っていることは、「努力しなくてもいい」「向上しなくてもいい」「何もしなくてもいい」ということです。そんな考え方が神の目から見て正しいはずがありません。それを「なるほど」などと言って聞いてしまうのは、「なああ病」「そこそこ病」という病気に罹《かか》っているからです。

「なあなあ病」の原因を探っていくと、やはり第二次世界大戦における敗戦の影響は大きいと言えます。特に、戦後の東京裁判史観の影響は甚大です。それは「アジアを侵略した悪い国だから、発展し過ぎてはいけない」という発想です。この意味では、向上心を取り戻すには、自虐史観の克服も必要になります。したがって、この論点は、実は第二章で触れた愛国心と深くつながってくることになります。

未来志向の大切さ

「そこそこ病」の逆のものとして、「未来志向」であることの大切さにも触れておきましょう。

向上心について、いろいろと述べてきましたが、実は向上心があるだけでは、経済は繁栄しません。スポーツや勉強に励んでいるだけで、社会全体が豊かになることはありません。しかし、カーネギーやロックフェラー、フォードが向上心を持って努力をしたら、アメリカ経済が勃興《ぼっこう》しました。なぜかというと、彼らは向上心があるだけでなく、未来志向であったからです。

「次の時代を動かすものは何だ？」という強烈な問題意識があったから、カーネギーは鉄鋼に目をつけ、ロックフェラーは石油に目をつけ、フォードは自動車に目をつけました。儲かれば何でもいいと思っていたわけではありません。偶然、自分の職業が注目を浴びたわけでもありません。ただ、闇雲に頑張ったらたまたま成功したわけでもありません。日頃の勉強や仕事を通じて、次の世の中を動かすものを発見し、それを天命と思って努力したわけです。

彼らのように「未来が視える」人たちは、ある意味で智慧のある人たちです。智慧というのは、本来、宗教的な修行をして得る悟りのことを言いますから、向上心に智慧が伴う場合は、非常に宗教性が高い人たちだと言うことができます。智慧があれば認識力が高くなるため、ほかの人よりも世間や未来がよく見通せるようになります。したがって、智慧があるということはリーダーの重要な条件になります。

リーダーの条件ということで言えば「慈悲」もキーワードになります。

向上心を持って努力して経済的な繁栄を実現したとします。しかし、自分が豊かになるだけなら、少し寂しいものがあります。貧民街の中で自分の家だけ綺麗な新築にしても、幸福とは言いきれないものがあるでしょう。やはり、自分の成功がほかの人の成功につながっていってこそ幸福が広がっていくことになりますし、豊かさを社会全体に広げていってこそ、本当の成功だと言えます。

つまり「世のため、人のために生きる」ような慈悲のあるリーダーが必要なのです。資本主義の社会ではどうしても切磋琢磨が起こり格差が出ます。豊かな人とそうでない人が出ます。豊かになった人がただ私利私欲に生きるだけなら、たしかに問題かもしれません。したがって、格差が出ながら、格差が肯定できる社会とは何かを考えると、それは豊かになった人や成功した人が、慈悲の心を持って、世のため、人のために尽くすような社会ではないでしょうか。

この「智慧」と「慈悲」を併せ持つリーダーが、未来志向で努力していくと、新たな経済発展が実現できることになるはずです。それは、ある意味で未来型の資本主義の一つの形なのかもしれません。

個人として向上心を持つための注意点①

戦略を持つ

個人として向上心を持つための注意点について、いくつかポイントを述べておきたいと思います。

一つは「戦略」を持つことの大切さです。

目標があり、現実があり、その差を客観的に測り、差を埋めるための手段と方法を合理的に考えるということです。

日本人は「勤勉に励んでいればそのうちよいことがある」「額に汗して働けば、必ず報われる」というように、漠然と努力していく傾向があります。間違っているわけではないのですが、ムダが生じることがあります。東京から大阪に向かうのに、とにかく向上心が大事だと言って額に汗して歩いて行ったら、ものすごい時間がかかってしまいます。しかし、お金を用意し、時刻表を調べ、新幹線に乗れば、その日のうちに大阪に着きます。それが戦略です。

つまり、向上心と言っても、戦略のあるなしで成果が大きく変わるわけです。

個人として向上心を持つための注意点②

協力と連帯

仲間の協力や連帯も大事です。

向上心は自助努力ということでもありますが、ややもすると自我力《じがりき》に傾くことがあります。ほかの人を頼りにしない気持ちは大事ですが、ほかの人を頼ってはいけないということではありません。自立した個人同士が協力し合うことで、大きな仕事が可能になります。人が組織をつくったり、社会を構成したりするのはそのためです。

特に、社会の発展に貢献しよう、世の中全体を明るく照らそうと考えるなら、志を同じくする仲間を集めて協力し合うことは欠かせません。ベンチャーを起こしたりするのはその典型です。

経済政策というマクロ的な観点から言えば、そうした志のある人たちが集まってする活動を自由にしてもらうことが重要となります。規制や保護は、必ず向上心を損なうからです。「あれはダメ、これもダメ」という細かな規制が多くなれば、だんだんやる気がなくなってきます。逆に、手取り足取り便宜を図ってもらっても、やはりやる気がなくなってきます。リスクもなく、能力もいらず、努力もいらないような仕事は、ラクかもしれませんが面白くないからです。したがって、成果も大したことはありません。

個人として向上心を持つための注意点③

目の前のことに集中する

過去の失敗体験などの影響で、自己イメージが低くなっている人の問題もあります。こういう向上心が湧いてこない人には、「目の前のことに集中する」という考え方が必要になります。

ある時、スティーブ・ジョブズが若者から「自分も起業したい」と相談されたそうです。ジョブズは「それは素晴らしい。で、君のアイデアは?」と聞いたところ、その若者はまともに答えられませんでした。すると、ジョブズはこうアドバイスしたそうです。

「皿洗いでもいい、とにかく仕事に関わっていけ」

これは非常に大切な心構えです。

成功できない人の多くは、目の前の仕事をいい加減にしていながら、遠い景色ばかり見つめているケースが多いのです。「世界を変えてやる」と言うのは構わないのですが、就職もできない、平社員から昇格することもできない、家族を養うこともできないでは話になりません。

まず、自分のいる場所で光り輝くことが大事ですし、今いる場所でほかの人の役に立つことを証明しなければなりません。

未来への大志をいだきながら、日常生活に手を抜かずに生きることが大切です。そのためには、ポジティブ・シンキングやシンク・ビッグが大事になります。そうやって一歩ずつ成功の階段を登っていくわけです。

個人として向上心を持つための注意点④

他人と比較しない

「他人と比較しない」ことも大きなポイントです。

向上心の中には「あいつには負けたくない」「ライバルに打ち勝ちたい」という競争心が混ざることがあります。

競争心は、切磋琢磨を促し、向上や進歩につながる面があるので完全には否定できません。しかし、幸福でありながら向上していく人は、「他人と比較しない」という特徴があります。

格差を問題視する人の中には、他人と自分の人生を比較している人が多いのです。しかし、多くの人は、成功した人やお金持ちになった人がどれだけ陰で努力をしてきたか知らないのです。偶然、お金持ちになる人はいないのですが、それを信じることができないわけです。

不思議なことに、成功する人は凄まじい努力をしているにもかかわらず、その自覚がない人が多いのです。志が大きいために、多少の努力を努力とは思っていませんし、むしろまだ努力が足りないと思っています。だから、成功の理由を聞かれても、「運がよかったから」などと本気で答えたりします。しかし、それを真に受けてはいけません。本人は努力が足りないのに成功してしまったので、運がいいと感謝しているのですが、平凡人から見たら、超人的な努力をしているケースが多いのです。

また、努力が日常生活の中でしっかりと習慣化されてしまっているので、本人の中で努力感を伴わなくなっている場合もあります。

したがって、成功者を見たら、見えない部分の苦労や、隠れている部分の努力について、目をこらして観察する必要があります。表面上のきらびやかな部分だけを見るから、うらやましくなったり、嫉妬《しっと》したりすることになるのです。

本多静六先生という学者でありながら富豪になった人がいるのですが、「相談事は金持ちにしろ」ということを言っています。お金持ちの人は、ほかの人にはわからない辛酸《しんさん》を舐《な》め、それを乗り越えてきているものだから、解決できる知恵や含蓄のある答えが返ってくるからということです。

格差を必要以上に問題視する人は、「格差とは努力や心がけの差である」ということを認めることができないために、環境のせいにするところがあります。しかし、そのように考えた瞬間から向上心は消えてしまいます。個人として成功するにも、社会として豊かになるにも、自分より成功している人を見たら、憤慨するのではなく、祝福する必要があります。でなければ、成功者が出るたびに足を引っ張る社会になってしまいます。これでは、経済が成長できるはずもありません。

江戸時代の八っつぁん・熊さんのように、貧しくても分を知って長屋で気楽に暮らすのであれば、向上心がなくても幸福な人生を送ることはできます。タクワンを卵焼きに見立てて花見を楽しむという庶民の幸福もあるわけです。身分社会の中で、人を羨《うらや》まずに生きていく知恵がそこにあります。しかし、昨今の日本では、成功者のあら捜しをしたり、お金持ちの足を引っ張ったりする風潮が続いています。

1980年代には急成長を遂げたリクルートがマスコミにバッシングされました。2000年代にITブームが起きた時には、若手起業家がヒルズ族と呼ばれ袋叩きにされています。リクルートの故・江副浩正《えぞえひろまさ》氏やライブドアの堀江貴文氏などは刑務所行きになっています。

要するに日本には根深い嫉妬カルチャーがあるわけです。これを克服しなければ、本当の意味での向上心は出てきません。

なぜ格差が必要か

最後に、嫉妬心を克服するために、格差の重要性、お金持ちの重要性について確認しておきましょう。

格差があるということは、豊かな人と貧しい人がいるということです。

豊かなお金持ちの人がいることで、実は貧しい人にもメリットがあります。

たとえば液晶テレビがはじめて世に出た時は100万円もしました。当然、買える人は一部のお金持ちだけです。しかし、お金持ちが買ってくれることで、メーカーは初期の投資を回収できます。そのお金で大きな工場を建てて、もっとたくさんのテレビを量産することができます。量産できれば安い値段で売ることができます。つまり、50万円の液晶テレビを売り出すことができるのです。すると、次の小金持ちの人が液晶テレビを買えるようになります。メーカーはその売上代金を使って、さらに設備投資をして今度は30万円の液晶テレビをつくります。そうして、お金持ちの人が順繰りに買っていくことで、メーカーは設備投資の資金を得ることが出来て、少しずつ安い価格の液晶テレビをつくれるようになるのです。そして、ついには10万円を切り、5万円を切り、3万円を切るようになって、庶民でも手の届く価格で液晶テレビを購入できるようになるわけです。

時間差はありますが、結果的にみんなが液晶テレビを買えるようになります。非常に素晴らしいことです。

にもかかわらず格差はケシカランといって、日本国民全員に一度に液晶テレビを買えるようにすべきだと言っても、そんな方法はありません。売れるかどうかもわからない新製品を、いきなり日本中に売るだけの量を生産できる会社はないのです。第一、そんなことをしたら、その会社は倒産します。

自動車も携帯電話もそうして普及したのです。

液晶テレビも自動車も携帯電話も、最初の製品は値段が高い上に性能は不十分なものでした。最初の国産乗用車は故障だらけでしたし、最初の携帯電話は自動車に備えつけた電話でしたが、何十万円もする上につながりにくく、しかも不格好でした。それでも、目の玉の飛び出るような値段で不完全な商品を一部のお金持ちの人が買ってくれたおかげで、会社側は改良を加えて次の安い製品を売り出すことが可能になったわけです。

お金持ちの道楽とも言える〝無駄遣い〟がなければ、私たちは自動車も買えず、携帯電話も持てず、液晶テレビを買うこともできなかったのです。

ファッションの世界もそうです。シャネルやグッチなどのブランド品は高いのですが、それを買う人がいるから成り立っています。一部のお金持ちしか買えないかもしれませんが、そのトップ層の間で買われるものが流行をつくり、それが次の中間層の流行になっていきます。その流れはやがてしまむらや町の衣料店にも影響を与えていきます。やはり庶民の生活にもつながっていくのです。

お金持ちの道楽は、みんなが豊かになるための必要条件です。よき買い手はよき売り手を育てるのです。

お金持ちの人が美術品をたくさん買い込むことで、文化が興隆します。ビル・ゲイツやスティーブ・ジョブズが会社を起こしたことで、10万、20万という人々が生活できるようになっています。もし、彼らが会社を起こしていなければ、何十万という人々の生活は誰が面倒を見たのでしょうか？

ある意味で、大金持ちの創業社長が、政府に代わって社会保障を実践しているのです。その上で、慈善事業をしたり、公益活動にポンと寄付したりしています。格差批判をする人は、現代社会において、お金持ちの人がいるから成り立っている部分は思う以上に多いのだということを知るべきです。

そして、次は自分も、その役割を担う一人でありたいと考え、世のため人のために努力をする――それが向上心です。そう考える人が増えることで、日本も長期不況を抜け出すことができるわけです。

お金持ちは、自分の理想像を具体的に示してくれる存在でもあるのです。お金持ちを肯定し、祝福し、「自分もあのようになりたい」と願うことで、個人も社会も発展・繁栄します。

第四章

長期不況脱出の条件③
「信仰心」

密接な関係がある宗教と経済繁栄

長期不況脱出の条件の三番目は信仰心です。

人類の歴史を振り返ってみると、いくつもの文明があることがわかります。文明は、地域を超え、民族を超えて広がっていくことがありますが、地域や民族が違っても共通するものが、一つだけあります。

それが宗教です。文明というのは、固有の宗教を基盤として発生しているわけです。

また、文明は必ず経済的に繁栄しているところに生まれます。貧しいところからは生まれません。逆に言えば、文明があるところに経済繁栄が出現したと言ってもいいかもしれません。

唯物論の社会主義、共産主義国の文明など存在しません。「ソ連文明」「中華人民共和国文明」など存在しないのです。

いずれにしても、宗教と経済的な繁栄は密接な関係があるということです。

したがって、その宗教の教えが富を否定していれば、経済的な繁栄は実現しにくくなります。

たとえば、小乗仏教ではお金は汚れたものと考えているため、今でも小乗仏教の国の僧侶は直接お金に触れないようにしています。

キリスト教でも「マタイによる福音書」には「金持ちが神の国に入るよりも、らくだが針の穴を通るほうがまだ易しい」と書かれています。

釈尊もイエスも、教えを説いた時代には十分に貨幣経済が発達していなかったこともあり、心の迷いや執着の原因となるお金に関心を持ち過ぎないように戒めました。釈尊にもイエスにも富裕な信者がいたことを考えると、実際には豊かな人はすべて地獄に堕ちるというような極端な教えは説いていなかったと推測しますが、弟子のほうは教えを杓子定規にとらえてしまいますから、次第に信仰と富が分離されていったわけです。その結果、インドやネパール、カトリックの国々では富を否定する考えが主流となり、十分な経済繁栄が実現されませんでした。

一方で、商人出身の教祖であったことが影響したのか、ムハンマドが説いたイスラム教を信じた国は、文化も栄え、経済的にも繁栄しました。その結果、ヨーロッパに比べて中東のほうが文明は進みました。

しかしその後、イスラムの勃興《ぼっこう》に対して、十字軍の遠征、ルネッサンス、宗教改革を経て、キリスト教圏の巻き返しが始まります。第二章でも述べたように、宗教改革では富を肯定する新しいキリスト教の解釈を打ち出しました。その結果、オランダ、イギリス、アメリカとヘゲモニー国家が次々と誕生したわけです。

一方で、そうした宗教改革が起きなかった仏教国やカトリックの国々は、経済的には停滞し続けることになりました。

こうした現象は、人々がどのような宗教を持ち、どのような信じ方をするかによって、経済の繁栄の程度が違ってくることを示しています。

貧しさの克服は宗教の大きな目的の一つ

本来、信仰は、すべての悩みを解決していく力を持っているものです。

伝統的に宗教は、貧・病・争の三つの悩みを解決すると言われています。つまり、「貧しさの克服」というのは、宗教が果たすべき機能としては、もともと中心的なものなのです。

信仰に生きる人は、神の教えのもとに最善の生き方をしようとします。同時に、ほかの人に助けの手を差し伸べようとするものです。

一般に、信仰を持つと人は強くなります。人間は神に似せて創られたという教えもありますし、神の子・仏の子であるという教えもあります。どのような試練に見舞われても必ず救われるという教えもあります。

また、貧乏神や祟り神は例外として、神仏というのは、豊かさという属性を持っているものです。したがって、その教えを信じることで、人間もまたその豊かさをこの地上で実現できることになります。

現代日本では、弱い人が信仰にすがるといったイメージで宗教をとらえる人が多くなっていますが、とんでもない誤解です。本来は、信仰を持つことで人は強くなり、それがほかの人に波及して社会や国家によき影響を与えていくものです。

こうした考え方を明確にしたのがルターやカルバンなどの宗教改革者です。日本にも鈴木正三《しょうさん》や石田梅岩《ばいがん》、二宮尊徳といった思想家が出て、宗教と商業を融合する教えを説いています。

その中でも有名なのは、マックス・ウェーバーです。

ウェーバーは、プロテスタントの教えを実践することが、資本主義を発達させたと解釈しました。

プロテスタントは、「職業というのは神から与えられた天職だから、農家であれば心を込めて美味しい野菜をつくり、パン屋であれば美味しいパンをつくることが隣人愛の現れにほかならない」と考えます。つまり、それぞれの職業に励むことが神と共に生きる信仰生活であるとしたわけです。宗教的な動機で励む仕事は、正直、勤勉、節制といった美徳を伴いますから、やがてそれは資本主義の精神として経済発展の原動力になったとウェーバーは考えたのです。

その後、ノーマン・ヴィンセント・ピールやロバート・シュラーなど、キリスト教精神に基づいて成功哲学を説く人がイギリスやアメリカを中心に現れて、信仰と富を両立させる生き方をする人が増えていきます。

その結果、国家の繁栄が実現したのです。福沢諭吉やサミュエル・スマイルズが言ったように、「一流の国家は一流の国民でできている」からです。

出発点にあるのは、信仰です。単に、知識教育をして、機械のいじり方やお金の計算の仕方を習得すれば、繁栄が実現できるわけではありません。何のために機械や会計の勉強をするのか。私利私欲のためなのか。それとも神の栄光を地上に実現するためなのか。その「動機の差」が実は「結果における差」を生み出します。信仰がもとにあることで、本当の意味での独立心、自尊心、自助努力の精神、利他心が出てきます。

そう考えると、信仰心を否定した共産主義国家が、教育には熱心だったのに経済繁栄を実現しきれなかった理由が見えてきます。

危機に瀕する資本主義

では、神の目から見て、経済的な部分で人間に何を期待されているのでしょうか。

一つは、「公的な生きがい」を期待されているのではないかと思います。単に自分の人生を充実させて幸福になるだけでなく、人生が花開いて経済的に繁栄していくことで社会の発展にもつながっていくことに、喜びを感じるということです。それは、理想と愛を持って生きるということでもあります。

つまり、神が資本主義を肯定しているとするならば、資本主義社会では人々が理想と愛を持って仕事をし、公的な生きがいを感じることができるからだと思います。

その資本主義が今、危機に瀕しています。

資本主義はやがて滅びていくということは、多くの学者が指摘しています。マルクスは大恐慌が起きることによって、シュンペーターはむしろ資本主義が成功することによって、それぞれ「資本主義は終わる」と説きました。ドラッカーも、経済ばかりを重視し過ぎるという理由で資本主義に批判的でした。

資本主義は、宗教的な倫理観や道徳観と結びついてこそ、はじめて健全な経済成長の原動力となります。産業革命の中心となったイギリスで経済が発達したのは、単に技術革新が起きたからだけでなく、その背景で多くの人々が正直に、勤勉に働き、節倹に励んだからです。サミュエル・スマイルズの言う自助努力の精神があったわけです。当時のイギリスは「愛国心」「向上心」「信仰心」が揃っていたと言えます。

建国以来のアメリカも同様です。

しかし、20世紀の終わりあたりから、その倫理性の部分に大きな問題が出始めた気がします。

象徴的なのはエンロンの不正会計問題やリーマン・ショックです。その背景にあるのは、複雑な金融工学を駆使したデリバティブと呼ばれる取引です。金融工学やデリバティブそのものに善悪はありませんが、物理学における核技術にも似て、複雑な計算の世界にのみ浸かっていると、少しずつ倫理観が失われていくところがあります。そのうちに、こんなことができる、あんなこともできると、技術が暴走していくのです。

デリバティブの場合は、それがサブプライムローンという形になって現れました。本来なら収入が足りなくて家など建てられるはずのない人たちに住宅ローンを組ませるという金融商品が出現したのです。冷静に考えたら、生活保護を受けるようなレベルの人に住宅を買わせるのがおかしいことは言うまでもありません。サブプライムローンが破綻したのは当然のことでした。

アメリカ経済は、それ以来、大きな曲がり角を迎えているように見えます。日本ほど低迷していないにしても、従来の力強さは失われつつあります。

その原因を探っていくと、倫理観の欠如によって資本主義の持つ本来の機能が十分に働かなくなったからではないかと考えることができるわけです。

無私なる行動力

神の期待している「公的な生きがい」は、「無私なる行動力」を伴います。「行動力」だけでもある程度の経済力を生み出すことはできます。しかし、それが私利私欲を動機とするものであれば、エンロンや東芝のような不正会計に手を染めることになりかねません。やはり「神仏のため」「世のため、人のため」「理想のため」「愛のため」といった無私なる動機があって、経済成長は健全なものになり得ます。

戦前の話ですが、「経営の神様」と言われた松下幸之助が社内に事業部制を敷きました。多様な製品を扱うようになったために、幸之助一人ですべての製品を細かく見ることはできなくなり、事業部ごとに責任者を置いて、経営を任せたのです。事業部のトップは、ある意味で経営者ですから、しっかりした人物を選んで任命したわけです。

しかし、時間が経ってくると、うまくいく事業部とうまくいかない事業部とに分かれてきます。その差はどこから出てくるのだろうと考えたら、うまくいかない事業部長には「私」があるが、うまくいっている事業部長は「私」がないことがわかったそうです。ここで言う「私」とは、「功績を上げたい」「尊敬されたい」「褒められたい」という思いです。本来の仕事とは関係なく、自分自身の評価とか称賛とかを求めている人が多かったのです。一方、うまくいっている事業部長は、「どうやったら水道哲学を実践できるか」「どうすればよい製品を世の中に供給できるか」を考えていました。

松下幸之助は、私心のある人間は、判断に迷いが出ると指摘しています。逆に私心のない人ほど的確な判断ができます。

一般に、宗教性の高い人ほど私心がなく透明な心境になっていくものです。したがって、信心深い人、信仰の篤い人ほど、実は判断が的確になるというわけです。その結果、信仰と富が両立してくることになります。

高度で洗練された知識の必要性

もちろん、これは「何でもいいから拝んでいれば繁栄する」ということを言っているわけではありません。現代社会は高度な情報社会となっており、一定の知力を持っていなければ、とても競争に勝てるものではありません。

したがって、高い宗教性を持ちつつも、高度な知識も持ち合わせることが求められます。

右脳と左脳の両方に強いという言い方をしてもいいかもしれません。

右脳とは感性やインスピレーションの世界で、左脳とは計算や言語といった理知的な世界です。右脳の世界は主に宗教的な領域です。宗教的には、アイデアや智慧は脳の中で生み出されるのではなく、神々のいる天上界から来るものと説明されます。したがって、その智慧を得るために、信仰を持ち、心を整えて、宗教的な修行をしていくわけです。

21世紀は知識社会になるということを、ドラッカーは早くから指摘していました。しかし、ここで言う知識は単に多くのことを知っているということに限りません。単なる情報であれば、スマホやインターネットで取ることができます。必要なのは、もっと高度な知識です。難しい問題を解決するための方法であったり、新しい技術を生み出すためのアイデアであったり、今まで誰も考えたこともない斬新な発想などです。これは学校に行けば教えてくれるものではありませんし、公認会計士や司法試験に合格すればわかるものでもありません。

エジソンが白熱電球を発明したのも、フォードが量産型の乗用車のビジネスモデルを発明したのも、天の一角からアイデアが閃《ひらめ》いたからです。試験や資格とは関係ありませんでした。しかし、実際に世の中を進歩させ、経済を発展させるのは、閃きという形で現れる高度で洗練された知識なのです。

したがって、この意味でも宗教性や信仰心は、経済発展と密接な関係があるわけです。

誤解があってはいけないので言っておきますが、これは単なる知識や左脳的な勉強を否定しているわけではありません。試験も大事ですし、資格も大事です。人類が営々と築いてきた知的資産については、学校の教科書などでしっかりと学ぶ必要があります。実務ができる人間になるためには左脳部分も鍛えておかねばなりません。世間常識も必要でしょう。

要するに、右脳と左脳の両者のバランスを取ることが大事だということです。

どちらかを一方的に否定するのではなく、両方をバランスよく成長させていく必要があります。HSUで志しているのも、両方のバランスの取れた人材を育てることです。左脳を鍛え過ぎて融通の効かないガチガチの合理主義者になっても困りますし、右脳ばかり鍛えて世間知らずの神秘主義者になっても困ります。合理性と神秘性を融合させ、実務ができて閃きも出るタイプを世に送り出したいと考えているのです。

信仰は、運命を開拓する力をもたらす

「逆境に強くなる」ことも信仰心を持つことの特徴です。「運命を開拓する力」と言い換えてもいいかもしれません。

新天地を求めてイギリスを出てアメリカに渡ったピルグリム・ファーザーズ（巡礼始祖）などはその典型です。アメリカに渡る旅も、着いてからの暮らしも、相当な苦労を伴ったはずです。「祖国を追われた放浪者」で終わってもおかしくない

のに、アメリカ建国の始祖になったわけですから、相当な運命開拓力です。

その原動力になったものこそ信仰心であり、信仰心から派生した公的な生きがい、理想と愛に基づく無私なる行動であったことは想像に難くありません。

経済繁栄は簡単に実現できるものではありません。曲がり角も下り坂もなく、一本調子で成長し続けることはないのです。カーネギーやロックフェラー、フォードも辛酸《しんさん》を舐《な》めながら、その都度リバウンドして這い上がってきた人たちです。

三人に共通しているのは、いずれも敬虔《けいけん》な信仰者であったということです。財団をつくったり、教会に寄付したりしただけでなく、ロックフェラーなどは大富豪になってからも日曜日の教会で説教を続けていました。

また、カーネギーの依頼を受けて成功者の研究をしたナポレオン・ヒルにこんなエピソードがあります。20年がかりで成功者の研究をするといっても、無給だったために、経済的には苦しい時もありましたが、幸いある新聞社の社長がスポンサーになってくれたため、本を出版する見通しがつきました。しかし、ある時、その社長がギャングに撃たれて亡くなってしまいます。ナポレオン・ヒルも仲間と思われて狙われました。仕方なく家族と一緒に逃亡する羽目になります。しかし、ナポレオン・ヒルは挫けません。静かに自分の心を見つめていると、今こそ長年研究してきた成功法則が正しいことを証明する機会だという考えが浮かんできました。それから心の声に従って動いているうちに、以前、仕事で小さな取引をしたことのある人の名前が浮かんできました。その人に協力を願い出てみると、その人は原稿を読みもしないで、本を出版してくれることを約束してくれました。その結果、はじめて出した本は、世界的なベストセラーになったのです。

我が身に降りかかる苦難・困難から、神の意図や教訓を見出し、前向きにとらえて活路を見出そうとする者に、いかに神は微笑むかという事例です。

美しい日本刀を鍛えるために、熱した刀を一度水にくぐらせてジュッとやるように、逆境をくぐり抜けることで素晴らしい人格を築くことができます。神が人間に期待している逆境の効用とは、そういうことだと思うのです。

繁栄を実現していく過程において逆境は避けられません。

しかし、その逆境を、より素晴らしい人格を築くために神から与えられた試練・機会と考えるか、単なる不運や偶然と考えるかで、その後の運命は変わります。当然、逆境を自分に必要な試練・機会と考える人のほうが力強く運命を切り拓いていくことになります。その意味で、リバウンド力の根源は信仰心であると言えます。

信仰者は困難な道を選ぶ

目の前に二つの道がある場合は、困難な道を選ぶのが原則です。

常に安易な道を選ぶ人は、結局のところ大成することはありません。「そこそこ」の成功で安住してしまうからです。

おそらく神は私たちに一時的な成功を意図されているのではなく、無限の成長と無限の発展・繁栄を願っているはずです。そうであればこそ、困難な道を選び、それを乗り越えることによって、より大きな成功を手にすることができるのだと思います。

困難な道を選ぶには、やはり信仰が必要です。信仰があるからこそ、神の繁栄を地上に実現しなければならないという使命感が生まれます。使命感があるからこそ、困難を力強く乗り越えることができます。その結果、大きな仕事を成し遂げることができ、信仰と富とが両立するわけです。

また、信仰心は、天上界から素晴らしい智慧を授かる機会をもたらし、理想と愛に基づいた無私なる行動力を生みます。その結果、大きな仕事を成し遂げることができて、信仰と富とが両立されていくわけです。

日本型の資本主義の精神

本来、日本には繁栄を生む宗教的土壌があります。

日本神道は、特に繁栄を否定していません。神社のいわれや祈願の内容を見ると、五穀豊穣《ごこくほうじょう》、無病息災など、繁栄志向が強い印象があります。

仏教についても、スリランカやネパールの小乗仏教とは違い、日本の仏教は発展的だと言えます。奈良時代、平安時代に活躍した行基や空海のように、事業家的な性格を持つ名僧も数多く輩出しています。奈良、平安、鎌倉時代は、それぞれ素晴らしい文化が興隆しましたが、仏教の存在を抜きに語れません。

江戸時代以降も、先述したように、鈴木正三、石田梅岩、二宮尊徳といった宗教をベースにした経済思想家が次々と誕生しました。明治に活躍した富豪を見ても、仏教をベースにした安田善次郎、儒教をベースにした渋沢栄一など、宗教性の高い事業家が数多く出ています。

いずれも日本型の資本主義の精神を体現した偉人たちです。それは、ウェーバーが言ったプロテスタントの資本主義の精神と比べて決して引けを取りません。日本が明治以降、殖産興業に成功して、短期間で列強に伍する国に発展したのは偶然ではありませんでしたし、その背景には信仰心もあったと言えます。

しかし、アメリカと同様、20世紀の終わり頃から、信仰をベースとした倫理観が失われていくと同時に、長期にわたる不況が始まってしまったのです。

したがって、かつてのような力強い経済成長を取り戻すには、信仰心の部分を取り戻す必要があるのです。

第五章

なぜ経済発展に自由が必要なのか

自由と法

日本が長期不況から脱出する条件として、「愛国心」「向上心」「信仰心」の三つのキーワードを説明してきました。

本章では、「自由」をテーマに経済発展を考えてみたいと思います。

まず、自由の本質について押さえておきます。

時間や空間、あらゆる存在が神によって創られたと考えるなら、自由もまた神によって創られたと考えることができます。自由というのは、神の意志や理想の一部であるとも言えますし、神の理想の実現が目的としているのも自由であると言えます。

仏教でも、仏道修行に励む目的は智慧の獲得だと言われていますが、では智慧を獲得するとどうなるのでしょうか。それは煩悩《ぼんのう》から解放されて自由になる（解《げ》脱《だつ》）ということになります。

人間はすでに神仏から自由を与えられています。智慧という意味での自由を得るには心の修行を経て悟りを得る必要がありますが、心の中において何を考えるかという意味での自由はすでに万人に与えられています。何のために自由を与えられているかというと、神仏の理想を実現するためです。具体的には限りない進歩と大調和を実現するということです。幸福の科学では、それをユートピア建設と表現しています。

この自由を本書のテーマである「経済」という文脈で考えると、自由のある国は繁栄し、自由のない国は繁栄から遠ざかるということが言えます。自由が極端に制限された旧ソ連や北朝鮮などの共産国家を見れば、それは明らかです。

では、自由でありさえすれば、経済は発展するのでしょうか？　そこには、何らかの法（ルール）が必要になってきます。人のお金を奪っても自由、相手を暴力で傷つけても自由ということになれば、やはり大きな問題が出ます。

一つ目は、宗教的な法です。幸福の科学では仏法真理と呼んでいるものです。

神が示したルールです。

二つ目は、世俗的な法です。いわゆる法律や規則です。要するに人間が決めたルールです。

三つ目は、いわゆる常識や慣習です。慣習法と言う場合もあります。ただしこれは時代や地域によって異なるため、地域同士、国同士の諍《いさか》いの原因になることもあります。

以上の三つのルールがあるわけですが、二つ目の法律と三つ目の慣習も、もとをたどっていくと、神の教えに到る場合が多くあります。したがって、結局、大事になるのは、「本来、神仏が示したルールはどういうものであったか」を考えることなのです。

現在、経済における自由が、ともすれば「不正をしても構わない」「ズルをしても構わない」「騙しても構わない」「他人がどうなろうと構わない」という形で表れてしまっているところがありますが、それは一番目のルールである神仏の法が見失われているからだと思います。

したがって、本章では、宗教的な自由を踏まえながら、経済発展に必要な自由を考えてみます。

政府からの自由

まず繁栄に必要な自由を考える上で、「何から自由になるのか」という視点を持つとわかりやすくなると思います。

はじめに「政府からの自由」を考えてみます。政府の国民に対する規制や保護から、どうやって自由になるかということです。

本来、国民にとっての国家とは、「頼るべきもの」ではなく、「繁栄させるべきもの」です。国家を頼るべきものと考えると、国家から助けてもらう条件として、あれやこれやのルールが発生することになります。たとえば、「老後に年金をもらうための条件として、若いうちから社会保障の費用を支払わなければならない」、あるいは「年金制度を維持するための条件として、消費税の増税を受け入れなければならない」といった考え方です。現在の日本は、実際にこういう考え方で政府は運営されています。

しかし、それは自由が制限されているわけです。自分で稼いだお金をどう使うかは、自分で自由に決めたいところなのに、税金や社会保障費という形で、収入の一部を政府に納めなくてはならないからです。お金の使い方の一部を政府に決められているわけです。その代わり、老後に保護してもらえる約束になっています。

この自由の制限を外すということは、老後の生活を自分自身で見るという自助努力型の考え方に切り替えるということです。政府の役割を小さくして、得たお金をどう使うかは、なるべく個人の自由に任せるわけです。

経済が発展するのは、後者の「小さな政府」型です。みんなが政府の援助を当てにして生きている社会より、みんなが自助努力に生きる社会のほうが、活力のあるいは経済になるのは考えるまでもないでしょう。さらに、自分の足で立つだけでなく、自分たちの成功を国家の繁栄につなげていこうという人が増えれば、さらに経済は活性化します。そういう自助努力の精神や奉仕の精神は、自然発生するわけではありません。政府からの自由を大きくしても、それが単純なやりたい放題になってはいけません。自由を健全な経済成長につなげるためには、教育の力が欠かせません。

安い税金こそ自由の証

「政府からの自由」で最も重要な論点は税金です。自由の観点からは、税金は低ければ低いほどいいということになります。

なぜなら、税金を取るということは、人が汗水垂らして働いたお金である私有財産を、国家が権力を使って取り上げるということを意味しているからです。先述したように、自分が稼いだお金をどう使うかは、原則、自由であるべきです。貯金してもよいし、家族へのプレゼントに使ってもよいし、事業に投資してもよいし、神仏に喜捨してもよいのです。もちろん、自由といっても、人を傷つけるための銃刀類や麻薬の類を購入するようなことは、規制する必要はあるでしょう。しかし、かなりの確率で人の不幸につながるような使途を除けば、何に使おうと自由であるべきです。

この世では私有財産は自由を保障するものです。その自由度を著しく制限するのが税金です。

だからこそ、過度な税金を課した政府というのは、民衆の蜂起《ほうき》によって倒されることになります。アメリカ独立革命もフランス革命もそうです。江戸時代の一揆もそうですし、古代中国の秦《しん》が滅びたのもそうです。

現在、日本は安倍政権の下で重税国家への道を進んでいるように見えますが、自由を制限するという意味で、人々の幸福という観点からも、経済的な観点からも大きな不安があります。

世間の常識からの自由

「政府からの自由」の次は「常識からの自由」です。

多くの企業が今苦しんでいるのは、伝統的な商習慣や常識の縛りが原因になっていることがあります。誰もが当たり前と思っていることでも、「本当にそうか」と疑うべきものはあります。たとえば、メーカーがあって問屋があって小売があるという流通の形は、別に誰かが法律でそうあるべきだと決めたものではありません。その仕組みが本当に一番合理的かどうかはわかりません。現に近年では、この構図がどんどん崩れています。小売店であるユニクロはメーカーとしての機能を持っていますし、メーカーが直営の店舗を持つケースも珍しくありません。

規制の問題もそうです。

タクシー業界では、乗車料金を陸運局で認可を得るのですが、なぜ、認可が必要なのか、なぜ、その価格なのかの根拠は不明です。利用者の側から見れば、なぜ、規制が必要なのかまったくわかりません。

ヤマト運輸の宅急便もよい例です。家庭から小口の荷物を集めて翌日までに配達するというサービスは、運送業界の常識としては、絶対に採算に乗るはずがないとされていました。実際に、採算に乗せるまでに相当な苦労をしたわけですが、今では多くの同業者が参入し、宅配便の取扱個数は年間で37億個を超える大市場になっています（2015年度）。しかし、当初、小口の配送を事実上独占していた郵政省などが、ヤマト運輸のサービスに反対しました。また、同業他社の反対を受けて、運輸省も規制を盾に反対しました。そのため、ヤマト運輸はビジネスを採算に乗せるために苦労しただけでなく、行政との対決という余計な苦労を背負い込むことになりました。

かつての宅配便のように常識で「できない」と思い込んでいるために、実現できていないサービスや商品というのはまだまだたくさん残っていると言えます。

マスコミからの自由

「常識からの自由」から派生するものとして、「マスコミからの自由」というのもあると思います。現在、私たちが常識だと思っているものの多くは、マスコミ報道によってもたらされたものです。

たとえば、憲法9条によって日本の平和は保たれているという議論があります。日本は軍隊を持たない平和国家であるために、戦後、戦争をすることなく、平和が保たれたという説です。しかし、冷静に考えれば、これは、「軍隊がなければ他国は攻めてこない」と言っていることになってしまいます。それは、「警察がなければ犯罪は起きない」と言うのに似た理屈で、あり得ない話です。警察がしっかりしているから犯罪が減るのと同様に、軍備がきちんと整っているから、他国の侵略を受けることはないと考えるのが普通です。

しかし、マスコミを通じて繰り返し、「憲法9条を守る＝平和国家」と報道されると、だんだん「そんなものかなあ」と思い込まされてしまいます。これはマスコミによってつくられた常識です。

この問題が深刻なのは、他国からの侵略を受けた場合、先ほど述べた私有財産が守れなくなるということです。私有財産が侵害されるということは、最大の自由の侵害ですから大問題です。したがって、マスコミが憲法9条の問題とからめて国防を疎かにするような〝常識〟を発信することは、国民の自由を侵害する可能性があるということです。

この意味で、第二章の愛国心のところでも述べましたが、自虐史観の克服は、自由を考える上で非常に重要課題なのです。

自虐史観もマスコミの影響

「歴史は勝者が書く」という言葉があります。
敗者は滅びていくので「死人に口なし」となり、勝者の解釈で歴史は綴られていくことになります。第二次世界大戦では、勝者はアメリカで敗者は日本です。戦後の自虐史観はアメリカが発信したのが最初です。現代まで続いている自虐史観は、勝者であるアメリカが書いた歴史なのです。

したがって、戦後70年以上を過ぎた今、そろそろ敗者の歴史観から卒業する必要があります。よくも悪くも、戦争の当事者の多くはすでに亡くなっていますから、そろそろ冷静に歴史を検証することができるはずです。

少なくとも、幕末以来の日本の歴史をざっくり振り返ると、鎖国を解いて開国し、アメリカと不平等条約を結ぶ羽目になり、それを克服するための外交努力、殖産興業・富国強兵を経て、欧米の覇権主義と戦ってきました。アメリカも、イギリスから独立して以来、先をいく欧州の各国に追いつくべく、世界の覇権を目指して国力を上げていました。

その流れを見る限り、「世界の覇権戦争にやや遅れる形で参加したアメリカと日本が覇権を巡って戦った」というのが、日米の戦争の公平な見方ではないかと思います。

日本は、1980年代にGDP（国内総生産）において、アメリカに迫る勢いで成長していました。ところが不思議なことに、経済において日米が逆転しかかった90年代に、なぜか日本で自虐史観が再び盛んに広まり、政治的には左派勢力が台頭してきました。

その結果、やはりアメリカを抜くことができず、やがて長期不況へと沈んでいったのです。80年代の勢いのまま経済成長を果たしていたら、日本はアメリカを抜いていたかもしれませんし、少なくとも、アメリカ並みの経済成長を実現していたら、今頃、GDPは現在の3倍の1500兆円になっていてもおかしくなかったのです。

なぜ、成功しきれなかったのでしょうか。やはり、マスコミの発する「常識」の影響で、自虐史観を克服することができず、アメリカを抜いて世界一になっていくというビジョンをどうしても思い描《えが》くことができなかったからでしょう。

「アメリカには勝てない」という常識を打ち破ってこそ、日本は自由からの繁栄が可能になります。

自由の大国を目指すのが日本の使命

「政府からの自由」「常識からの自由」を実現することで、経済発展の条件が整ってくるわけですが、結局、経済発展を実行するのは、一人ひとりの企業家になります。経済学者のシュンペーターが言うように、企業家がイノベーションを起こすことで、経済は発展していきます。

シュンペーターは、企業家の資質に、「深い洞察」「精神的な自由」「挫折に耐え抜く意志」の三つがあると指摘しています。やはり自由がキーワードになっているわけです。ここで言う精神的な自由とは、とらわれのない自由な発想です。つまり、常識から自由になることです。それでこそ、イノベーティブで斬新なアイデアが出ます。

この場合、大事なのは、企業家が自由な発想を現実のビジネスに落とし込む時に、政府からの自由が実現されていることです。つまり余計な保護や規制がないということです。

ちなみに、保護や規制がない社会は、実は人類の歴史では一度も実現したことがありません。自由の国として知られるアメリカであっても、保護や規制はたくさんあります。

したがって、アメリカを抜いてかつてない繁栄を実現しようと思えば、誰も見たことのない自由の国を創らなければなりません。それが日本の使命だと思います。

アメリカでは必ずしも理想的な自由が実現されているわけではない

自由を考える際に気をつけないといけないのは、「自由＝アメリカ」という見方です。特に、アメリカから発信されているグローバル・スタンダード的な考え方を自由だと考えることです。アメリカ型の経営手法、アメリカ型のビジネス思想が世界標準であるという考えからアメリカに行ってＭＢＡを取得すると、自由主義型の真髄を学んだ気分になります。しかし、それは必ずしも自由論の本質を学んだわけではありません。

日本は、単にアメリカの考え方を輸入するだけではなく、独自の成功モデルを模索するべきです。

大川隆法総裁も、『正義の法』でこう述べています。

できうるならば、この日本の国が、これから先に未来が続くような選択を

せねばならないということ。そして、その行動が他の国々にとっても手本となるような生き方ができるということ。彼らの導きの一部になれるということ。それが、今、日本に課せられた使命なのではないかと思うのです。

『正義の法』235〜236ページ

つまり、グローバル・スタンダードというアメリカ型の価値観から抜け出し、新たなジャパニーズ・グローバル・スタンダードをつくっていくべきなのです。それは、これまで人類が見たこともないような自由主義国家であるべきでしょう。それこそが「ネオ・ジャパニーズ・ドリーム」の姿でもあるでしょう。

自由を阻害するマイナス金利

理想的な自由主義経済を築くという意味では、近年の金融政策は問題が多いと思います。

金融政策を重視する立場の経済学者を「マネタリスト」と言うことが多いのですが、日本では新自由主義学派などとくくられるため、「マネタリスト＝自由主義者」というイメージがあります。しかし、政府が金利を上げたり下げたりするという金融政策は規制そのものであり統制的です。日本は金融に関する限り、半分、社会主義国家であるとも言えます。

とりわけ２０１６年１月に安倍政権下で行われたマイナス金利は決定的な社会主義的統制です。大川総裁が「**『資本主義の精神』を傷つけている**」（『現代の正義論』１３３ページ）と指摘している通りです。

資本主義というのは、貯蓄に励んで資本を蓄積すると、それを投資に回すことで資本を増やしていけるというところに意味があるわけです。にもかかわらず、マイナス金利では資本を蓄積しても、貯蓄が目減りしてしまうわけですから、資本主義の原理のまったく逆です。マイナス金利は、将来の投資に回す原資がなくなるということですから大変なことです。

このマイナス金利を決めたのは、政府・日銀です。政府の規制によって、資本主義が否定されたわけです。

政府が資本の蓄積を否定するということは、結局のところ、「貯金をするな」というメッセージを発していることになります。

しかも、10年以上利用実績のない民間の預貯金を政府が取り上げる法律もできてしまいました。さらに、カジノを公的に認可し、国民が貯えを崩し、お金を使うように仕向けています。これらもまた、資本の蓄積・貯蓄の否定でしょう。

また、「プレミアムフライデー」などと言って、2017年2月から月末の金曜日は3時に退社して買い物や旅行をしようと政府、経済界が打ち出していますが、これを真に受けて堕落してはいけません。私たち一人ひとりがお上《かみ》に頼らずしっかりと働き、無駄金は使わずに本当に大切なことのために貯めるという「自助努力の精神」を、空気に流されて捨ててしまってはいけないのです。

ここにアベノミクスの持つ危険性があります。金融政策や法律を通して一国の経済をすべてコントロールできると思っているからです。しかし、日本くらいの大国になれば、政府主導ではなく、民間に任せない限り、うまくいきません。どうすべきかは「市場に聞く」のが原則です。

統制的な最低賃金の引き上げ

最低賃金の引き上げも問題です。

賃金は、基本的に労働市場における労働の需要と供給で決まるもので、政府の指示に従って決めるものではありません。にもかかわらず、アベノミクスでは、時給1000円に引き上げるとしています。しかし、こんなことをすれば必ず市場に不均衡をもたらします。企業には無限のお金があるわけではありません。人件費を上げるということは、利益を圧迫するということであり、利益が減るということは、会社を維持できる可能性が低くなるということです。会社側としては潰れてしまったら元も子もありませんから、「賃金を上げるなら、いっそ雇うのをやめよう」と考えるようになります。

政府は労働者によかれと思って賃金を上げようとしているのかもしれませんが、その結果、起きるのは、雇う人を減らすという事態です。「働き口がなくなる」ぐらいなら、「賃金が上がらない」ほうがマシだったということになります。

派遣社員や正規雇用の問題も同様です。へたに政府が口を出して、「統制」を加えると、かえってひどい結果になることが多いのです。だから、労働市場はもっと自由であるべきです。

自由をまったく理解していない日本の司法

近年話題になっている消費者ローンの過払い金問題もひどいものです。

貸金業者が守るべき法律には、出資法と利息制限法の二つがあり、それぞれ設定している上限金利が異なっていました。出資法では29・2%が上限ですが、利息制限法では金額によって20%、18%、15%と設定されていました。その結果、いくらの金利で貸すかの基準が二つになってしまい、多くの業者は高いほうの金利で利息を取っていました。この上限金利の差の部分を俗に「グレーゾーン金利」と呼んでいました。

ところが、2006年に最高裁が、グレーゾーン金利を違法と判断しました。その結果、グレーゾーン部分を「過払い金」として取り戻せることになったのです。そのため、司法書士や弁護士が「過払い金請求ビジネス」に続々と参入しました。

しかし、よほどの悪徳業者でもない限り、お金を借りる時の契約で、何%の金利で貸し借りするかは互いに合意しているはずです。互いの選択の自由の下に任意で契約し、実行しているのです。にもかかわらず、最高裁が両者の合意を一切無視して、すでに返済の終わった取引であっても、過去に遡ってグレーゾーン金利の部分を取り戻せるという判決を下しました。

貸金業者はたまったものではありません。実際、倒産する業者も出ています。

これは法律のルールも踏み破っていますし、経済のルールも踏み破っています。

最高裁は、自由主義経済の原則をまったく理解していないと言わざるを得ません。

こうした現状を見る限り、政治家に始まり、司法、行政に至るまで、自由がまったく理解されていないように感じます。

これは日本の抱える深刻で大きな課題です。

金融・農業にさらなる自由化を

これから自由化を進めるべき業種としては、まず金融が挙げられます。

かなり自由化が進んだといっても、まだ不十分です。100点満点の0点だったものが10点、20点に上がったというくらいです。

せめて50点を超えるくらいになる必要があります。

異業種からの参入規制は緩和され、業務範囲の規制も緩和されていく見通しですが、100点を取ろうと思ったら、貨幣発行も自由化する必要があります。現在は日本銀行が独占しています。それが当たり前だと思われていますが、これはせいぜいここ140年の常識に過ぎません。需要と供給の市場の調節機能を考えるなら、複数の銀行が貨幣を発行したほうが物価は安定するはずです。そもそも民間の経済活動のすべてを観察しつつ、どれだけの貨幣を流通させるべきかを日本銀行のエリートが計算できると思っていること自体が社会主義的な計画経済の考え方であり、思い上がっていると言えます。

今はまだ議論すら起きていませんが、いずれこの問題はメスを入れる必要があります。

農業も問題です。日本には小さな農家しか存在が許されていないところがありますが、サンキストやデルモンテのような大手農業資本がもっと生まれてもいいと思います。アメリカが戦後、農地解放をして地主階級を解体して以来、「大きな農家＝地主階級＝悪」という価値観から抜けておらず、なんとかして農家を小さい規模で止めようと努力しているように見えます。

参入規制を外すことも含めて、自由化を進めていけば、トヨタ、松下のような世界的な農業資本を育成することも可能なはずです。日本の農業には、技術的な部分を見ても、それだけの潜在力があると思います。その意味での逆農地改革を行うべきでしょう。そうすれば、農産物の輸出国になるのも夢ではありません。

ほかにも、航空や教育など、統制的な業界は数多く残っています。そういう業界は、既得権益も大きいですから、自民党を中心とする与党勢力とも深くつながっていて、その壁を突き崩すのは容易ではありません。

しかし、こうした厳しい現状は、見方を変えれば、それだけ今後の発展の余地が残っているということにほかなりません。

自由化を進めることによって、日本は潜在的に持っている成長力を解放し、さらなる繁栄を実現することができるのです。

第六章

理念経済学が日本を救う

信仰心がもたらす三つの視点

第二章から第四章では、日本の繁栄に必要なキーワードとして、愛国心、向上心、信仰心について並列的に述べてきましたが、この中で最も重要なものは「信仰心」です。最終章では、この信仰心を「経済学」という文脈で改めて考えてみたいと思います。

この世界や私たち人間を創ったのが神仏だと考えるなら、神仏への信仰なくして、地上の繁栄も日本の繁栄もありません。信仰心は地上の繁栄にとって当然の前提となるものですから、優先順位としては一番になります。

これは単に筆者自身が神仏を信じているから、読者もそうであるべきだと言っているわけではなく、歴史を見渡してみても、冷戦時代のソ連や東ヨーロッパ、あるいは中国や北朝鮮が経済繁栄できなかったという事実を見れば、少なくとも「信仰心のない国は繁栄できなかった」と言えるのは明らかです。

どの宗教を、どのように信じるかによって、経済繁栄の形は異なってくるとは思いますが、少なくとも、神仏を信じているか信じていないかは、繁栄における最初の基準になるのは間違いありません。

では、神仏に対する信仰心は、どのような形で地上の経済に表れてくるのでしょうか。

一つは、「霊的人生観でこの地上を見る」ということです。本当の繁栄は、お札の束を積み上げることでも、高い建物を建築することでもありません。経済に関わる人々の魂が成長していくことです。小さな仕事で終わるよりも、大きな仕事を成し遂げることで魂は成長します。貧・病・争に苦しみながらもそれを克服していくことで魂は磨かれます。厳しい競争の中でより多くのお客様の支持を得ることで魂の喜びは増していきます。その結果として、会社の売上が上がり、GDPが伸び、高くて大きな建物がたくさんでき、街や都市が生まれて、新しい技術や文化が生まれてきます。神仏の世界は暗くて貧しい世界ではないはずです。明るくて豊かな世界こそが神仏の世界です。ですから、神仏の心を自らの心として生きることができれば、やがてそれは心の中にとどまらず、行動に表れ、結果に表れ、この地上も明るく豊かになっていくというわけです。

もう一つは、「自分の繁栄だけでなく、より多くの人の繁栄につながる」ということです。「自分だけが繁栄すればいい。自分だけが幸福になればいい。自分だけが不幸から逃れればいい」——信仰心があれば、こういう考えにとどまることはできません。ほかの人の繁栄や幸福を考えざるを得ないからです。自分だけでなく家族も、家族だけでなく隣人たちも、隣人たちだけでなく勤め先の人も、勤め先の人だけでなく日本という国そのものも、日本という国だけでなく世界の人すべてが繁栄し、幸福になれるように考えるのが信仰のある人の立場です。したがって、よりよい感化力、影響力を与えようとする私たちでなければなりません。そうすれば、この世界は少しずつよくなっていくはずです。

また、「後世にどれだけのものを遺すか」という視点もあります。自分たちの時代だけでなく、子孫たち、遅れてくる人たちにも、よりよいものを遺していくという視点です。現在、豊かに、便利に、快適に、そして安心して暮らせるのも、過去の数えきれない祖先たちのおかげです。わずか数十年の人生では、世界中を繁栄の光で満たすことはできないかもしれません。世界中から貧困を一掃《いっそう》するには時間が足りないかもしれません。だからこそ、私たちの遺志を後世に伝え、長い時間の流れの中で、世界をよりよくしていこうとするわけです。

神仏なき経済学

このように「霊的人生観で考える」「ほかの人の繁栄も考える」「後世の繁栄も考える」という三つの視点に立つことが大事です。

しかし、残念ながら、経済学にしても経営学にしても、神仏という言葉が一切出てきません。神仏を前提とした経済学や経営学はないのです。これは本当におかしなことです。なぜなら、実際の経済や経営は、神仏と無関係ではないからです。完全に切り離すことなどできません。無神論者の経営者はそれほど多くありません。神仏を信じて経営をしている人が無数に集まって経済をつくっているのに、なぜか学問になった途端に、神仏が存在しないことになってしまうのです。これでは正しく現実を認識しているとは言えません。

そこで、人々を現実に動かしている信仰心から目を逸らすことなく、神仏の存在を前提として経済学を確立する必要があります。それが「理念経済学」です。

理念経済学で一番大切なものは愛

では、神仏を前提とした理念経済学において一番大切なものは何でしょうか。それは「愛」です。キリスト教の愛、仏教の利他、儒教の仁など、多くの宗教が愛の教えを説いています。経済においては、神仏から見て素晴らしい成果を生み出すことも「愛」なのです。また、本書で取り上げた「愛国心」という意味でも愛は大事です。戦争時にのみ愛国心を高めるという意味ではなく、「世界から尊敬されるような国を創ろう」という気持ちです。世界から尊敬されるには、単に豊かで強ければいいわけではありません。ほかの国々に対する愛が必要になります。世界を豊かにしよう、世界に貢献しようと思う気持ちです。ここで言う愛国心とは、そういう意味です。

素晴らしい成果を生み出そう、愛国心を持って立派な国を創ろうと思えば、次には当然、向上心が必要になってきます。

つまり、これまで述べてきた「愛国心」「向上心」「信仰心」が、結局、理念経済学のキーワードになっていくことになります。高度な知識社会において「愛国心」「向上心」「信仰心」がいかに富を生み出していくかを考えていくことが理念経済学における大事な観点になっていくのです。

知識にも善悪がある

高度知識社会において大切になるのは、いかにして最新の知識を手に入れるかということではなく（それも大事ですが）、いかにしてよい知識と悪い知識を見分けるかということです。あるいは、よい使い方と悪い使い方とを分けるかということです。技術も同様です。単に新しければいいというわけではなく、優れていればいいというわけでもありません。

新しくて優れていても、人々を不幸にする知識や技術であれば、それを使わないという判断をしなければいけないからです。健康被害の出るようなもの、環境を汚染するようなもの、戦争を助長するようなものなど、使い方によっては不幸を生み出すような知識や技術は無数にあります。たとえば、核に関するものやクローンに関するものなどは、善悪を見分けるのは容易ではありません。単に有用か否かだけでは判断できないため、宗教的な判断が必要になってきています。つまり、神の領域に入ってきているわけです。

それを人間の浅知恵で「進歩は無条件にいいことだ」と考えて突き進んでいくと、どんな不幸を招くかわかりません。

たとえば、生まれる前に先天性の病気がないかどうかを検査する出生前診断に関する技術があります。障害を持った子供を産みたくないという親の気持ちは理解できますが、異常が判明した場合の中絶率が96％という現状を知ると複雑な気分になります。もしも、生命とは精子と卵子が結合して勝手に細胞分裂を繰り返して、生まれた瞬間に「生き物」になるのであれば、中絶しても構わないかもしれません。しかし、宗教的には妊娠して3カ月後に胎児に魂が宿るという考えがあります。お腹の中にいる段階ですでに意志を持っているのであれば、中絶は殺人と同じ行為になります。生まれてくる子は、すべて人生計画を持っています。母体に甚大な影響を及ぼすなどやむを得ない場合もあるでしょうが、両親の都合だけを見て決めるべきではないのではないでしょうか。

核の技術にしても、新しいエネルギーとして期待できる部分がある一方で、兵器に転用してしまえば、人類を何度も滅ぼせるほどの破壊力を持つことになります。

知識や技術そのものは価値中立的で善も悪もないのかもしれませんが、使い方一つで大きな不幸を生み出す可能性があります。

今後は、ますますこうした判断の難しい新しい知識や技術が登場してくるはずです。そうした中で、新しい文明社会を幸福に満ちて洗練されたものにしていくためには、どうしても宗教的な倫理観をベースにした経済学が必要になってくるのです。

富のあるところに美が生まれる

「美」という観点についても触れておきたいと思います。

これからの経済発展には「美」がキーワードになってくるはずです。大川隆法総裁も『経営とは、実に厳しいもの。』の中で、「新しい文明・文化には、この『真・善・美』の探究が必要です。（中略）経営のなかにも『美』はあります。次の時代の経営の生き筋のなかには、『美』という観点がある」（283～284ページ）と指摘しています。

「真・善・美」というのは、哲学や思想の世界の言葉のように感じられるかもしれませんが、真とは、「神仏の心がどこにあるのか」を考えることでしょうし、善とは、「どうすれば人々が幸福になるか」ということでしょう。その論点はこれまで繰り返し述べてきました。それに加えて「美」という観点もあるということです。

実際に、富があるところに美が出てきます。基本的には貧しいところから美や芸術は生まれてきません。貧しかった国から最高の美と言われるものが生まれたためしはないのです。ゴッホは霊言で「芸術の究極にあるのは神」と指摘した上で、結局大切なのは「神を描《えが》くか、神の創ったものを描くか、神の理想を描くか」（『大川隆法霊言全集　第38巻』216ページ）の三つだと述べています。

経済学も同じことが言えます。神を否定していないか。神の創ったものを曲げていないか。神の理想に反していないか。そういう視点で発展・繁栄のあるべき方向性を考えることが大事です。たとえば、先ほど述べた生化学の分野で言えば、障害があれば中絶してしまうことは、神の創られたものを〝曲げて〟いるのではないかという視点が入ってくるわけです。

そして、「神そのもの、神の創られたもの、神の理想を『美』を通して、どのように経済的に展開していくか」が、経済の発展・繁栄においてもとても大切になります。

智慧と慈悲の経済学

神の価値観を経済に入れるにあたっては、第三章でも少し触れましたが「智慧」と「慈悲」がキーワードになります。その経済活動や経営行動が「智慧を内在しているか」「慈悲を内在しているか」という観点からの判断があるということです。

たとえばマイナス金利という政策を導入するにあたっては、政策担当者にそれ相応の合理的な理由があったと思います。デフレを克服するにはどうすればよいのか。金融機関が積極的に民間企業に貸出しするようになるにはどうすればよいのか。そのためには、金融機関が持っている資金を寝かしておくと損をするというインセンティブ（誘因）が働くようにすればいいと考えたのでしょう。経済学で想定している「経済人」は、常に金銭的に損をすることを嫌がり、得になることを好むということになっています。したがって、マイナス金利を導入すれば、金融機関は日本銀行に預けているお金を引き上げて、民間企業の貸出しに回すはずだというものです。その理屈そのものは合理的に説明できますし、必ずしも間違っているわけではないでしょう。

しかし、現実の経済がどうなっているかというと、十分に効果が上がってはいないわけです。前章で述べたように、マイナス金利は経済が発展するのに大切となる資本主義の精神そのものを深く傷つけているからです。

資本主義の精神は信仰心と不可分の関係にあります。仕事を神から与えられた天職として、正直に、勤勉に励んでいくことで、神の理想を地上に実現しようとするのが資本主義の精神です。そうして資本を蓄積することで、次の発展のための投資が可能になります。マイナス金利は、資本の蓄積と投資の価値を事実上、正面から否定するものですから、神仏の御心に反している可能性があります。

したがってマイナス金利に賛成している人は、まったく自覚がないと思いますし、何の悪意も持っていないと思いますが、神仏の意に反しているという意味では、善というよりも悪、美というよりも醜に傾いていると言わざるを得ません。少なくとも理念経済学としては、そういう観点が出てくることになります。

そのように考えていくと、理念経済学は、これまでの経済学の考え方を基底にしつつも、神仏の意志や、真・善・美の観点、愛や幸福といった考え方を判断の軸に据えていくことで、時として従来の常識的な考え方とは逆の結論が出ることがあります。

私たちは21世紀の新しい形の経済学として、神仏が本来望んでいる資本主義の精神を復活させることを一つの使命にしなければなりません。それは20世紀までの「自由」と「平等」というキーワードを「智慧」と「慈悲」というキーワードに置き換えていくことによって、つくり上げられていくものだと思います。

企業家たちがつくる新しい資本主義

第三章でも触れましたが、智慧と慈悲を体現した人に、カーネギーとロックフェラーがいます。彼らは智慧を使ってお金を稼ぎました。単に努力をしたというだけでなく、カーネギーなら鉄鋼、ロックフェラーなら石油という当時の最新技術の勉強をし、新しい知識を得て、それを商売に生かしました。鉄鋼業者や石油業者はほかにもたくさんいましたが、彼らが頭一つ抜け出すことができたのは、そこに努力と勉強と知識と工夫とがあったからです。そして、世の中の発展に尽くそうとする中で、適切なインスピレーションを得たために、優れたアイデアをビジネスに生かすことができたのです。

また、ビジネスで得たお金を世のため人のために使おうとしました。二人とも大富豪になったわけですが、それで贅《ぜい》の限りを尽くしたわけではありません。カーネギーは図書館や学校などをたくさん建てました。ロックフェラーは教会をたくさんつくりました。また、財団をつくって、これからの社会の発展に使おうとしました。まさに慈悲の精神をそのまま形にしたような人生を送ったのです。

彼らのような資本家・企業家が無数に出現することが、これからの未来経済をつくっていきます。信仰心を持って一生懸命まじめに働く。勤勉に働いて節倹に努めて資本を蓄積する。蓄積された資本を世のため人のためになるところに投資していく。その結果、世の中を豊かにする善の循環が起きていく。それはやがて一国の経済を興隆させ、世界の経済をも動かしていく——それが新たな資本主義の精神だと思います。

努力ができない苦しみは最大の不幸を生む

その真逆が福祉社会型のシステムです。貧しい人を救おうという気持ちは大切なことです。ある意味で「慈悲」の精神の表れです。しかし、だからといって、お金を渡して生活の面倒を見るというだけなら、「魂の成長」という観点からは、むしろ堕落を招く危険があります。「智慧」という点で大きな問題があります。

社会保障を充実させるのは、渡部昇一氏が言うように、動物園の檻の中で餌をやるのと変わらないところがあります。檻の中にいれば飢え死にするリスクはなくなります。しかし、自然の中で餌を取る力を失います。どちらが幸福でしょうか？「生命さえ維持されればいい」という唯物的な人生観で考えれば、檻の中の幸福を選ぶという答えもあるかもしれません。しかし、神仏はよりよい生き方を望んでおられるはずですし、リスクはあるかもしれないけれども自由のある生き方を望んでおられるはずですし、より魂が磨かれて成長していく生き方を望んでおられるはずです。

そう考えると、福祉社会は、慈悲はあっても智慧がないと言えます。智慧がないということは自由がないということです。

しかし、最近では、「お金に不自由する」「生活に不自由する」という言い方の印象からか、檻の中の安定した暮らしが自由で、大自然の厳しい環境の中で自己発揮する暮らしが不自由と考える人が増えているように感じます。

自由というのは選択肢があることです。選択肢があるということは競争があるということです。獲物を取るために、北に向かおうが南に向かおうが自由であるという社会と、配給所に行って決められた食事だけをもらう社会と、どちらが幸福で、どちらが神仏の御心にかなっているのでしょうか。

自由は競争を生み、競争は勝者と敗者、格差を生みます。高級車に乗れる人と乗れない人とを生み出します。確かにそれは悲しいことかもしれません。しかし、高級車を買えない苦しみよりも、高級車を買う努力ができない苦しみのほうがより悲しい社会なのです。

努力すらさせてもらえない。可能性すら試みることができない。このように自由を制限されることがどれだけ魂の苦しみを生み出すか。この意味における自由の価値を取り戻さなければなりません。

第五章の自由論では、「政府からの自由」や「マスコミ（常識）からの自由」を論じましたが、大川総裁は、『ユートピア価値革命』の中で、自由について次のように述べています。

自由という言葉は、「何々からの自由」ということではなくて、「何々への自由」ということでなければならない（中略）。

そして、その「何々への自由」とは、「より高次な目標に向けての自由」でなければならず、「さらに高邁《こうまい》な精神に向けての自由」でなければならず、「世界をいっそう素晴らしくするもののための自由」でなければなりません。

『ユートピア価値革命』73ページ

より豊かな社会をつくるための自由、より幸福に満ちた社会をつくるための自由、より神仏の御心にかなった社会をつくるための自由——そういう自由を求めてあくなき努力を重ねていくことが今求められているのです。そうでなければ、この深刻な長期不況を止めることはできないでしょう。

理念経済学的には現在の日本経済は50点

理念経済学の考え方から見て、現在の日本経済に点数をつけるとすると、50点くらいです。中国にＧＤＰで抜かれたとはいえ、日本の経済力は世界有数でありますし、長期停滞中といっても、日本はそれなりの豊かさを享受しています。先人たちの努力のおかげではありますが、欧米や新興国と比べて決して遜色のない繁栄は実現できていると思います。

しかし、神仏を前提とした政治や経済は行われているかという観点から見ると、まるで社会主義の国のように思えるところがありますし、「自分の国さえよければいい」という考え方が強く残っているようにも思えます。少なくとも自分の力に見合っただけの貢献を世界に対してしているとは思えません。一国平和主義、一国繁栄主義に見えるのです。

日本は江戸時代以降、先人たちの努力によって、有色人種の国としてははじめて近代化に成功し、世界有数の経済大国になりました。その成功モデルは、アジアや中近東、アフリカ、南米などの国々にとって参考になるものです。実際に、学びたいと思っている人は世界中にいます。

したがって、本書で触れた愛国心、向上心、信仰心という観点から、日本発の理念経済学として、成功するための考え方を輸出できるようにしなければなりません。

日本の問題を解決できれば世界を救うことができる

経済学は長らく欧米を中心に発展してきた学問です。ノーベル経済学賞を日本人が受賞していないことに象徴されるように、日本で経済学と言えば、ほかの国の研究を輸入して勉強するものという位置づけになっています。しかし、そろそろ輸出モデルとしての新たな学問を確立すべき時が来ていると言えます。

もちろん、そのためには克服されなければならない課題があります。

一つは世界最速で進んでいると言われる高齢化の問題です。さらには、それと同時に進む少子化の問題です。破綻に向かう社会保障制度を生涯現役社会の構築とジョブ・クリエーションでどの程度まで克服できるかという課題です。そのためには、「働かされる」のではなく「働かせていただく」という考え方、「食うために働く」のではなく、「世のため人のために貢献する」という労働観を常識としなければ、十分に成功することは難しいでしょう。

女性の労働環境や住宅環境の整備も、少子化克服には欠かせません。日本は土地規制が強く、国土が十分に活用しきれていません。猫の額のような狭い土地に低層の住宅がひしめいている日本の都市では、両親の面倒を見ながら子育てを行うような住環境をつくることができません。かといって都市化の流れをとどめることはできません。地方なら広い家に安く住めると言っても仕事がなければどうしようもありませんし、仕事があったとしても強制的に移住させるような圧政を敷くわけにもいきません。居住の自由や職業選択の自由を保障する以上は、都市部にどれだけ人が流れ込んできても、十分に広い家に住めるような規制緩和をするべきでしょう。そうして保障された自由は、必ず経済的な繁栄を生み出すはずです。収入が豊かになり、広くて安い家に住むことができれば、少子化問題も改善されていきます。

日本の決して広くない国土で一億人を超える人口が都市部に集結すると、公害や渋滞、犯罪、そのほかの弊害を生む可能性があります。しかし、すでに多くの部分は克服されつつあります。環境技術は世界有数のものがありますし、犯罪の件数もほかの国の大都市に比べればはるかに少なく、安全です。残る課題は渋滞でしょう。

これに対しては鉄道網と高速道路網、航空網の整備を一層、推し進める必要があります。大深度地下の利用、リニアの開通、新幹線の整備、二階建て鉄道車両の開発、空中鉄道の整備、フリーウェイ化の検討、自動運転技術の開発、バス並みの利便性を持つ飛行機の開発等々、アイデア自体は山ほどありますから、一つずつ実行に移していくことが大事です。

世界的に問題になりつつある食料不足や資源不足についても、日本の技術が役立つ可能性があります。海洋牧場や植物工場、品種改良の技術革新は食糧不足を解決する可能性があります。地下の掘削《くっさく》技術やパイプラインの敷設技術、海底探査、宇宙探査の技術開発は資源不足の解消に役立つはずです。いずれの分野も日本が世界でトップを走ることは不可能ではありません。

人口不足、土地不足、食糧不足、資源不足といった日本の直面する課題や弱点は、やりようによっては、その解決手段を開発・提供することで、日本自身を救うのみならず、世界を救うことができるようになります。

いずれの問題も、世界で一番早く日本が深刻な事態に直面するわけですから、「どこか外国の技術を取り入れて」というこれまでのパターンが通用しません。自ら解決の手段を発見しなければ、世界で真っ先に日本が衰退してしまうのですから必死に努力することが求められます。その代わり、解決の智慧を発見することができれば、それは人類にとって大きな福音になります。

そのためには、まずこうした諸問題を解決しようと強く志すところから始めなければなりません。世界を救うのだと決意しなければなりません。そこから理想の成功モデルを築くことができますし、理念経済学の具体的な政策も定まってくるはずです。

未来社会を構想するための四つのキーワード

「人間とは、いったい何であるか」という問いかけに対して、かつて霊言で天御《あめのみ》中主神《なかぬしのかみ》は、「**幸せをもたらす存在である**」ということと「**人間とは、無限に成長し、発展していくものだ**」ということを述べておられます（『大川隆法霊言全集　第36巻』18ページ）。したがって、無限の発展を目指し、この世の人生を生きるためには、一分一秒を無駄にすることなく、努力に励んで日々成長していかなければなりません。

それを前提に社会のあり方を考えるとどうなるでしょうか。

私は、大川総裁がアメリカ中心の考え方として挙げられている四つの柱をもとに考えてみたいと思います。

「民主主義」「自由主義」「基本的人権」「市場経済」の四つです（『正義の法』第4章参照）。アメリカ型の考え方がすべて正しいわけではないと思いますが、これからの未来社会を構想する上でも基本的に大切となる考え方です。

「民主主義」には全体主義を生み出す危うい部分もありますし、多くの人が言うように理想的で平和的なものとは限らない部分があるのですが、それでも「優秀な人材が出やすい」という面で優れたものがあると思います。「個々人の特徴を生かし、個性を伸ばす」という面でも大事です。

「自由主義」は経済成長を生み出す大切な前提ですし、魂を成長させ幸福になるための大切な前提になるのはここまで述べてきた通りです。特に、「選択の自由」と「創造の自由」という考え方が大切です。

「基本的人権」は人間の魂は神仏の子としての尊さがあることが前提となっており、この人間観が人間の尊厳の根拠です。日本ではその本来の意味が薄れつつありますが、宗教的な世界観を前提とした基本的人権はやはり大切です。

「市場経済」とは競争社会ですが、これはよいものを残して悪いものを淘汰《とうた》していく優れた仕組みです。しかし、現在は十分に機能していません。

たとえば、安倍政権では同一労働同一賃金ということを言っています。はっきり言えば市場経済の原理からは大きく外れた醜い考え方です。賃金がいくらであるべきかは、先述の通り、その労働市場の需要と供給で決まってくるもので、政府が決めることではありません。

リンゴやミカンの値段を政府が決めるのはおかしいのと同じ理屈です。リンゴやミカンの値段は日本の各都道府県の需要と供給で決まるのであって、政府が人為的にこれくらいにしようと決めたら、バランスが崩れて経済はうまく回らなくなります。

現実問題として、日本中、あるいは世界中の需要と供給を予測してあるべき価格を計算することはできません。市場に委ねなければ適正価格を弾き出すことは不可能です。そもそも何をもって「同一労働」と判定するのでしょうか。同じ労働量でも成果は異なるし、生み出す付加価値も異なります。にもかかわらず、計算したがる人たち、指導したがる人たちが後を絶ちません。同一労働同一賃金が意味するのは、マルクスが主張した単純な「労働価値説」です。この意味で、自由主義と市場経済の実現は、まだ道のりは遠いと言わざるを得ません。

「民主主義」「自由主義」「基本的人権」「市場経済」の四つについて、神仏の存在を前提にして、経済成長を実現するためのあり方を整理することは、理念経済学の克服すべき課題と言っていいでしょう。

「優れたシステムの研究」から、「繁栄する心の探究」へ

理想の未来社会を考える際、往々にして「いかにしてよきシステムをつくるか」と発想しがちです。もちろん、便利で優れたシステムをつくること自体は大切な

ことです。証券取引所があることで、各社が発行する株式がスピーディに大量に取引できるようになります。銀行という組織があることで人々からお金を集めて、企業に貸し出すことができます。ほかにも為替《かわせ》や保険など、資本主義を効率的に運用するための仕組みには様々なものがあります。そのシステムは日々進化しており、より大量に、より速く取引できるようになっています。

しかし、私たちが言っている経済発展とは、必ずしもシステムがより便利になることを言っているわけではありません。

サブプライムショックに象徴されるように、どれだけ高度なシステムであっても、生活保護を受けるような経済レベルの人に住宅ローンを組むという使い方をすれば、やはり問題があります。仕組みとしても無理がありますし、倫理的にも間違っています。つまり、いくらシステムが優れていたとしても、それを使う人のマインドの問題が出てくるのです。切れ味鋭い包丁があったとして、殺人鬼がそれを使えば人を殺し、名料理人がそれを使えば美味しい料理をつくります。システテムというのは、ここで言う包丁のようなものです。包丁のよし悪しがそのまま成功や幸福を約束するわけではありません。どう使うのかの部分が問われないといけないわけです。そのために宗教性の部分、倫理性の部分が大切になります。

現在の経済学では、善悪の価値判断を積極的にはしていませんが、「神仏の目から見てどうなのか」という観点を入れなければ、次のステージに行くことはできません。「神の正義」に照らして、人間や経済社会のあるべき姿を探究しなければなりません。本書は、経済学の本であるにもかかわらず、「愛国心」「向上心」「信仰心」と、「心」に焦点を当てて論じてきました。もう一段の経済発展のためには、「いかに優れたシステムをつくるか」だけではなく、「繁栄する心とは何か」を探究することが必要になります。

経済学の本質は、「どうすれば富を生み出し、価値を生み出し、かつ人々が生きがいという希望を見出すか」ということです。それを、今日の経済の主体となる企業を繁栄論の中心として探究していくのです。

地球の人口が100億人になろうとしていく中で、食料と資源をどのように調達するか。限られた土地をどのように活用するか。発展途上国の人口が急増しつつ先進国の人口が減っているという現実をどのようにバランスさせるか。宗教文明の違いから起こる衝突や紛争をどのように平和に導くか。さらなる繁栄を実現するには、次にどのような基幹産業をつくる必要があるのか。

課題は山積していますが、その主役になるのは「企業」です。そして、「ジョブ・クリエーション」です。そこに「国家」と「宗教」という要素がからみあって、どのようにすれば調和の取れた発展を実現できるのかが検討されます。そのためのキーワードが智慧と慈悲であり、それを学問として展開していくのが理念経済学になります。

それは、単に失われた20年と言われる長期不況を克服するだけでなく、世界を新たな次元の繁栄に導くことになるはずです。

あとがき

経済や経済思想を、社会主義、唯物論の呪縛から解き放つことは、日本だけではなく、世界にとっても最大かつ喫緊《きっきん》の課題です。

少なくとも現文明において、真の「自由主義社会」、「資本主義社会」は存在したことがないかもしれません。今、地球は、至高神エル・カンターレの降臨により、新しい地球世紀を迎え、新しい文明が建設されようとしています。それは、神の正義に基づく真の自由主義社会、資本主義社会を構築する機会を神より与えられているということです。

ヘーゲル流に言えば、「歴史は神の世界計画」ですが、現在から未来への人類の歴史において、神のマネジメントによる、神の正義の経済が築かれていくでしょう。

経済と政治が切り離せないように、経済と宗教も切り離すことができません。信仰心、向上心、愛国心など、これまでの経済学や経済政策が視野に入れていなかったものほど、経済にとっては重要であり、宗教心は経済社会を社会主義や唯物論から守るものと言えます。

「理念経済学」の研究も、こうした方向でなされていくことでしょう。

神の本心をお示しくださり、あるべき人類の経済社会への無限の智慧と慈悲をお与えくださる、主エル・カンターレ、大川隆法総裁先生に心より感謝申し上げます。

2017年1月12日

ハッピー・サイエンス・ユニバーシティ　経営成功学部ディーン　鈴木真実哉

著者＝鈴木真実哉（すずき・まみや）
1954年生まれ。早稲田大学政治経済学部経済学科卒。同大学大学院経済学研究科博士後期課程単位取得後退学。聖学院大学政治経済学部教授等を経て、現在ハッピー・サイエンス・ユニバーシティ 経営成功学部ディーン。専門の金融論のほか、理念経済学やシュンペーター、ハイエクを研究。おもな著書に、『格差社会で日本は勝つ』（幸福の科学出版）、『カオスの中の貨幣理論』（共著、雄松堂出版）、『金融入門』（共著、昭和堂）など。

理念経済学が日本を救う

長期不況に打ち克つ3つの条件

2017年1月26日　初版第1刷

著者　鈴木　真実哉

発行　HSU出版会
〒299-4325 千葉県長生郡長生村一松丙4427-1
TEL（0475）32-7807

発売　幸福の科学出版株式会社
〒107-0052　東京都港区赤坂2丁目10番14号
TEL（03）5573-7700
http://www.irhpress.co.jp/

印刷・製本　刷株式会社 サンニチ印刷

落丁・乱丁本はおとりかえいたします

ISBN:978-4-86395-870-8 C0030

経営成功学部のココがすごい！

① 信仰心に基づいた「経営成功マインド」と「実社会の知恵」がバランスよく、高いレベルで身につく。
② HSUチェアマンやプリンシパルを含め、経営経験・実績豊富なプロフェッサー陣から"生きた経営"の極意を学べる。
③ 一人ひとりに合わせたきめ細かい進路指導が充実。

経営成功学部ディーン
鈴木 真実哉
Mamiya Suzuki

富と繁栄をもたらす経営を追究しよう！

地球は人口100億人時代に向かっています。100億人の人間が豊かに暮らしていくためには、それだけの富と経済繁栄が必要です。長年、人類を苦しめている最大の課題の一つである「貧困」を撲滅し、世界に富と繁栄をもたらすことは、人類幸福化のための重要な使命です。この使命を具体的に研究し、現実の解決力を創り出すことが「経営成功学部」の使命です。良い商品やサービスを提供し、黒字を出し、雇用を創出し、国に税金を納める企業を生み出していくことを目指します。経営成功学部はそうした新時代の繁栄を追究する学部です。ぜひ、共に学びましょう。

HSU経営成功学部テキスト

HSUテキスト3

経営成功学入門

原田尚彦・石見泰介 編著

HSU経営成功学部を代表する編著者による、経営成功学の基礎を網羅したオリジナルテキスト。経営者・経営幹部を目指す人がはじめにおさえるべきポイントが詰め込まれた一冊。

1,500 円

HSUテキスト9

幸福の科学成功論

石見泰介 編著

HSUでもトップクラスの人気を誇る授業「幸福の科学成功論」のテキスト。心のコントロール法から仕事の方法、人間関係論まで、幸福の科学教学の成功論を15の論点に体系化。

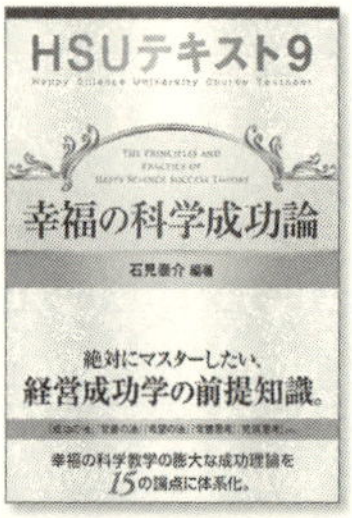

1,500 円

HSUテキスト11

経営成功総論I(上)

基本論点の整理

九鬼一 監修 編著・村上俊樹 編著

名著『経営入門』のエッセンスを豊富な事例で読み解き、経営で成功するための基本を学ぶ。起業を目指す人、会社を発展させたい人、実践能力を身につけたい人にお勧めの一冊。

4,500 円

HSUテキスト13

経営成功総論I(下)

応用論点の整理

九鬼一 監修 編著・村上俊樹 編著

『社長学入門』の17のポイントを事例で学び、零細企業を大企業へ発展させていく手法を網羅。付録として、経営者を目指すなら一度は読んでおきたい「必読ビジネス書77冊」も掲載。

4,500 円

HSU経営成功学部テキスト

HSUテキスト15

経営成功総論 Ⅱ（上）

創業と守成の主要論点

渡邉和哉 監修 編著・村上俊樹 編著

大川総裁の『未来創造のマネジメント』を中心に、時代の変化や事業規模に応じて、経営者がどのように自己変革していくべきかを学ぶ。「創業と守成」における限界を突破する実践経営のヒントが満載の一冊。

4,500 円

HSUテキスト16

経営成功総論 Ⅱ（下）

経営思想の主要論点

渡邉和哉 監修 編著・村上俊樹 編著

『智慧の経営』で説かれる「八つの智慧」を、実践に則した事例で読み解く。経営における光明思想の問題点を学び、正しい経営判断の智慧を得ることができる一書。

4,500 円

HSUテキスト17

一倉定の経営論

経営成功特論

村上俊樹著

大川総裁が一倉経営学について解説した『危機突破の社長学』や実践に即した事例から一倉経営学のエッセンスを学ぶ。倒産を防ぎ、業績不振を打開する指針が満載の一書。

1,500 円

※表示価格はいずれも本体価格（税別）／HSU出版会

大川隆法ベストセラーズ　新時代の経済学を学ぶ

希望の経済学入門

生きていくための戦いに勝つ

厳しい不況期でも生き残ることができる、個人と組織の「サバイバル戦略」とは何か。組織のなかで評価を上げる秘訣や商売繁盛を引き寄せるヒントが満載。

1,500円

資本主義の未来

来たるべき時代の「新しい経済学」

アベノミクス失速の原因とは?「ゼロ金利」「異次元緩和」でも経済が活性化しないのはなぜか?　資本主義の原点に立ち返り、未来型資本主義の新原理を提唱する。

2,000円

未来への
イノベーション

新しい日本を創る幸福実現革命

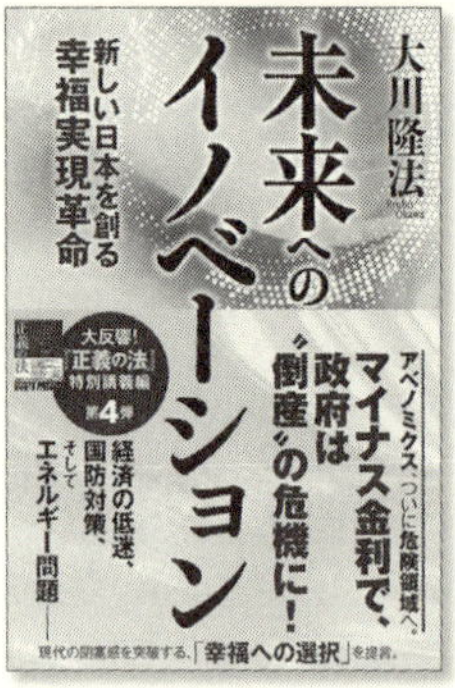

経済の低迷、国防危機、反核平和運動……。「マスコミ全体主義」によって漂流する日本に、正しい価値観の樹立による「幸福への選択」を提言。

1,500円

大川隆法ベストセラーズ　新時代の経済学を学ぶ

正義と繁栄
幸福実現革命を起こす時

「マイナス金利」や「消費増税の先送り」は、安倍政権の失政隠しだった!? 国家社会主義に向かう日本に警鐘を鳴らし、真の繁栄を実現する一書。

1,500 円

世界を導く日本の正義

20 年以上前から北朝鮮の危険性を指摘してきた大川総裁が、抑止力としての日本の「核装備」を提言。日本が取るべき国防・経済の国家戦略を明示した一冊。

1,500 円

現代の貧困をどう解決すべきか　トマ・ピケティの守護霊を直撃する

ピケティ理論は、現代に甦ったマルクス「資本論」だった!? 世界的ベストセラー『21世紀の資本』に潜む真の意図と霊的背景が明らかに。

1,400 円

ハイエク「新・隷属への道」
「自由の哲学」を考える

消費増税は正しいのか。特定秘密保護法は正しいのか。「自由を与えなければ、繁栄も智慧も生まれない」── 経済学の巨人ハイエクが、現代日本に警鐘を鳴らす。

1,400 円

※表示価格はいずれも本体価格（税別）／幸福の科学出版

HAPPY SCIENCE UNIVERSITY

学部のご案内

人間幸福学部

人間学を学び、新時代を切り拓くリーダーとなる

人間の本質と真実の幸福について深く探究し、
高い語学力や国際教養を身につけ、人類の幸福に貢献する
新時代のリーダーを目指します。

経営成功学部

企業や国家の繁栄を実現する、起業家精神あふれる人材となる

企業と社会を繁栄に導くビジネスリーダー・真理経営者や、
国家と世界の発展に貢献する
起業家精神あふれる人材を輩出します。

未来産業学部

新文明の源流を創造するチャレンジャーとなる

未来産業の基礎となる理系科目を幅広く修得し、
新たな産業を起こす創造力と起業家精神を磨き、
未来文明の源流を開拓します。

未来創造学部

時代を変え、未来を創る主役となる

政治家やジャーナリスト、ライター、俳優・タレントなどのスター、
映画監督・脚本家などのクリエーターを目指し、国家や世界の発展、
幸福化に貢献できるマクロ的影響力を持った徳ある人材を育てます。

キャンパスは東京都江東区(東西線東陽町駅近く)の「HSU未来創造・
東京キャンパス」がメインとなり、2年制の短期特進課程も新設します
(4年制の1年次は千葉です)。

入会のご案内

あなたも、幸福の科学に集い、ほんとうの幸福を見つけてみませんか？

幸福の科学では、大川隆法総裁が説く仏法真理をもとに、
「どうすれば幸福になれるのか、また、
他の人を幸福にできるのか」を学び、実践しています。

入会

大川隆法総裁の教えを信じ、学ぼうとする方なら、どなたでも入会できます。入会された方には、『入会版「正心法語」』が授与されます。（入会の奉納は1,000円目安です）

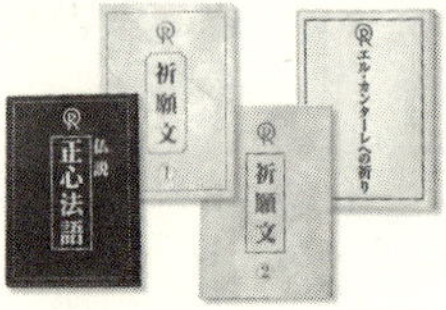

三帰《さんき》誓願《せいがん》

仏弟子としてさらに信仰を深めたい方は、仏・法・僧の三宝への帰依を誓う「三帰誓願式」を受けることができます。三帰誓願者には、『仏説・正心法語』『祈願文①』『祈願文②』『エル・カンターレへの祈り』が授与されます。

ネットからも入会できます

ネット入会すると、ネット上にマイページが開設され、
マイページを通して入会後の信仰生活をサポートします。

ネット入会すると……

●入会版『正心法語』が、ダウンロードできる。
●毎月の幸福の科学の活動トピックが動画で観れる。

01 幸福の科学の入会案内ページにアクセス

happy-science.jp/joinus

02 申込画面で必要事項を入力

※初回のみ1,000円目安の植福（布施）が必要となります。

INFORMATION

幸福の科学サービスセンター
TEL. 03-5793-1727（受付時間 火～金：10～20時／土・日・祝日：10～18時）
幸福の科学 公式サイト happy-science.jp